„Den 2. kann ja jeder!"

„Die Kunst Freude am Golfen zu haben!"

Ralph Schaper

„Den 2. kann ja jeder!"

„Die Kunst Freude am Golfen zu haben!"

Ralph Schaper

Herstellung und Verlag:

BoD, Books on Demand, Norderstedt

ISBN 9 7837 5049 2738

„*Spielplan*"

„Fooooooooore…"

Ein Wort welches wir am liebsten nie hören oder selbst rufen möchten, wenn wir auf dem Platz unterwegs sind. Nur leider lässt es sich nicht hundertprozentig vermeiden. Fast alle kennen diese Situation, wenn man mit seinen Flight-Partnern unterwegs ist, seinen Ball schlägt und auf einmal schreien alle *„Foooore…"*.

Jetzt könnte man ja sagen, im Amateurbereich doch ganz normal. Mag sein, jedoch auch bei den Profis, wenn man sich mal die Übertragungen der Profiturniere, egal ob European oder PGA Tour, betrachtet, hört man auch dort das ein oder andere Mal: *„Foooore left"* oder *„Foooore right"*.

Und dann heißt es für die Zuschauer Köpfe einziehen. Denn keiner möchte einen Golfball mit voller Wucht an den Kopf bekommen.

Was folgt, ist bei den Profis und bei den Amateuren gleich. Wenn keiner den Ball landen sehen hat, dann muss ein provisorischer Ball hinterhergespielt werden. Wenn das dann besser funktioniert hat, kommt bei uns Amateuren gern mal der Kommentar unserer Mitspieler: *„Den 2. kann ja jeder!"*

Das stimmt. Manchmal zumindest. Ich weiß nicht, wie sich das mit Ihren Erfahrungen deckt, aber häufig klappt der 2. Schlag dann auch tatsächlich besser.

Es gibt jedoch auch so manches Mal den Fall, da fliegt der 2. Ball genau den gleichen Weg wie der Erste. Als wenn er von diesem magisch angezogen wird. Und wahrscheinlich würde in dem Moment auch der 3. und der 4. Ball die gleiche Flugbahn einschlagen.

Also gibt es anscheinend auch hier keine Garantie für gar nichts. Und falls der zweite Ball dann auch im Wald, im Aus oder im Wasser landet, heißt es leiden. Denn dann wird die Bahn gestrichen.
Golfen heißt, demütig zu sein. Das hört man immer wieder. Zu Beginn meiner Golfer-Zeit habe ich das nicht wirklich verstanden. Mittlerweile umso mehr.

Und auch hier schließt sich der Kreis zu den Profis. Auch die müssen des Öfteren mal leiden. Zwar nicht ganz so häufig wie wir Amateure, aber ab und zu könnte auch so manch ein Profi explodieren.
Aber es sind doch Profis. Die müssten es doch besser wissen. Die haben doch bestimmt alle Mental-Coaches, die speziell solche Situationen mit ihnen erarbeiten. Mag sein, aber letztendlich sind es auch nur Menschen.
Na klar, wenn wir sehen wie die Pros die Bälle weghauen sind wir schnell geneigt zu sagen: *„Das sind doch Profis, die machen doch Tag für Tag nichts anderes. Die müssten es doch eigentlich besser können!"*

Wie gesagt, im ersten Moment sicher richtig. Nur wenn wir genauer darüber nachdenken, wiederum doch nicht. Sie sind keine Maschinen, keine Roboter. Sie sind auch nur Menschen.

Und wenn das schon auf die Profis zutrifft, dann ja wohl erst recht auf uns.

Und genau diese Erkenntnis ist für unsere nächsten „Runden" eine ganz wichtige Voraussetzung. Wir sind keine Maschinen. Wir können nicht erwarten, jeden Schlag perfekt auszuführen. Wir hoffen es, aber mit der Hoffnung und der Realität ist das so eine Sache.

Also, alles eine Frage der richtigen inneren Einstellung? Oder eine Frage der richtigen Zielsetzung? Oder alles Blödsinn und einfach nur eine Frage der Übung?

Viele Fragen und viele verschiedene Meinungen. Es ist auch hier gar nicht das Ziel, eine bestimmte Meinung als die einzig Wahre, bzw. Richtige darzustellen. Denn das Leben, nicht nur auf dem Golfplatz, zeigt uns doch immer wieder: *„Erstens kommt es anders und zweitens als man denkt!"*

Warum also noch ein Buch über Golfen schreiben? Warum nach 2016 *(Der Golfer / Verhaltenstraining am lebenden Objekt)* jetzt vier Jahre später das nächste Buch?

Weil es Spaß macht. Nicht nur das Golfen, sondern auch die verschiedensten Erfahrungen und Erlebnisse festzuhalten und die Nachtwelt daran teilhaben zu lassen. Nach über 15 Jahren auf dem Platz hat man so einiges erlebt. Schönes und leider auch weniger schönes. Situationen, die einen schmunzeln oder gar herzlich lachen lassen.

Aber auch Situationen, bei denen man denkt, *„das darf doch wohl nicht wahr sein…"*

Welche Erkenntnisse wir aus den folgenden Erlebnissen ziehen, bleibt natürlich ganz uns überlassen. Was allerdings passieren kann, dass wenn Sie demnächst auf der Runde sind, dass Sie dann eventuell an die ein oder andere Geschichte aus diesem Buch erinnert werden. Und womöglich hilft es Ihnen auch in speziellen Fällen weiter. Lassen wir uns einfach mal überraschen.

Bevor wir starten, sollten wir noch zwei wichtige Voraussetzungen besprechen:

- Es ist immer leichter über etwas zu schreiben, als es selbst zu tun!

Sie kennen das. Es ist immer leichter über bestimmte Dinge auf dem Platz zu reden, als sie letztendlich selbst zu tun. Sollten Sie also das Gefühl haben, hier klopft einer nur schlaue Sprüche, hier weiß einer wieder alles besser, dann erinnern Sie mich gern daran, dass es immer leichter ist, über etwas zu sprechen oder zu schreiben, als es selbst zu tun.

Die zweite Voraussetzung:

- Menschen tendieren manchmal dazu Dinge zu verallgemeinern!

Es kann also sein, dass ich Ihnen einen Fall aus der Praxis schildere, wo sich etwas so oder so verhalten hat. Sie denken automatisch an selbst erlebte Beispiele, bei denen sich genau das Gegenteil von dem ergeben hat, was ich gerade aufgeführt habe.

Meine Bitte an Sie, dass nicht gleich das Buch zur Seite feuern, sondern, dass wir einfach zur Kenntnis nehmen, dass im Umgang mit Menschen und in der Handhabung des Golfspiels alles richtig, aber genauso auch alles falsch sein kann.

Dann stellt sich für uns natürlich die Frage, wie wollen wir gemeinsam den größten Nutzen aus diesem Buch ziehen, das heißt, so viel wie möglich Freude am Golfen zu haben, wenn wir uns doch ehrlicherweise eingestehen müssen, dass alles richtig, aber auch alles falsch sein kann?

Ich denke unsere Chance liegt darin, dass wir in der Vielzahl der Möglichkeiten, die sich uns bieten im Umgang mit Menschen und mit der Umsetzung unseres Spiels auf dem Platz, dass wir dort einen „roten Faden" erarbeiten, der uns hilft, aber nicht einengt.

Denn es soll keinesfalls so sein, dass Sie nach dem Lesen dieses Buches alle mit einem Stempel auf der Stirn „Schaper-Erkenntnisse" rumlaufen, denn jeder von Ihnen soll Individualist bleiben, so wie er es auch heute ist. Das Einzige was passieren kann, dass Ihr „Werkzeugkoffer", den Sie mit auf den Platz nehmen, dass der um einige Werkzeuge schwerer geworden ist.

Somit wünsche ich uns ein *„schönes Spiel"*….

Tee 1 – Der Mensch

Da wir ja gerade festgestellt haben, dass wir keine Maschinen, sondern Menschen sind, wird auch das unser Einstieg in diese schöne Golfrunde werden.
Was wir ja alle wissen, ist jeder Mensch anders. Nicht nur jung oder alt, männlich oder weiblich, erfahren oder weniger erfahren, sondern ganz speziell bezogen auf seine innere Einstellung.

Warum ist das für uns so wichtig? Weil wir genau das oftmals vergessen. Wir sind auf dem Platz unterwegs, hacken unseren Ball über die Wiese, sind unzufrieden mit uns selbst und dann kriegen wir noch einen Kommentar von der Seite:
„Du musst den Kopf länger unterlassen!"
„Deine Arme waren viel zu schnell!"
„Du hast die Hüfte nicht gedreht!"

Um nur ein paar Beispiele zu nennen. Na prima, wieder so ein Schlauberger, der alles besser weiß.
Okay, vielleicht müssen wir auch hierbei unterscheiden, ob man sich schon länger kennt und mit dem anderen ganz offen darüber reden kann. Oder ob es doch eher flüchtige Bekanntschaften sind, bei denen wir einen schei… darauf geben, was irgendein dahergelaufener Möchtegern-Pro meint zu sehen oder zu wissen.

Genau in solchen Situationen erleben wir die klassische Situation zwischen <u>Sender</u> und <u>Empfänger</u>.

Wir kennen das doch alle aus den privaten Erlebnissen zwischen Männern und Frauen. Die Frau sagt etwas, beim Mann kommt etwas an. Aber meistens ist es nicht das was die Frau gemeint hat. Umgekehrt geht das natürlich genauso. Wir meinen es doch nur gut, aber der Empfänger nimmt etwas komplett anderes wahr. Und schon haben wir das Dilemma.

Und eben solche Situationen erleben wir auf dem Golfplatz zu Genüge. Wir meinen es doch wirklich nur gut, aber im Unterbewusstsein des Gegenübers kommt nur Kritik an.
Der Besserwisser will mir sagen wie ich es machen soll. Nur weil er ein niedrigeres Handicap hat, glaubt er die Weisheit mit Löffeln gegessen zu haben.
Und schon ist die Stimmung im Keller. Oder um auf dem Platz zu bleiben, ist der Ball im Wasser.

Also je nach Situation und beteiligten Personen ist es sicher angebracht einfach mal die Klappe zu halten. Auch wenn es schwer fällt. Auch wenn wir den anderen doch eigentlich nur motivieren wollen.

Genau zu diesem Thema „<u>Motivation</u>" gibt es ja zahlreiche Bücher mit den verschiedensten „Rezepten" und empfohlenen Verhaltensweisen.

Dem bekannten Porzellan-Unternehmer, Philip Rosenthal, wurde vor vielen Jahren in einer Talkshow mal die Frage gestellt, *welchen Unterschied er zwischen Motivation und Manipulation sehe?*

Daraufhin antwortete er: *„Für ihn gäbe es nur noch einen Begriff, nämlich „Motipulation". Er könne nicht mehr entscheiden wo das eine aufhört und wo das andere anfängt!"*

Das deckt sich wunderbar mit den Erfahrungen, die mir ein Trainingsteilnehmer einmal geschildert hat. Er sagte:

„Wenn A zu B so redet, dass A sagt: *Ich will, dass Du das Ziel erreichst!* Wäre es aus seiner Sicht Manipulation."

„Wenn A allerdings mit B so redet, dass B sagt: *Okay, wir wollen das Ziel erreichen!* Dann wäre es aus seiner Sicht Motivation!"

Nun taucht natürlich die Frage auf, was liegt eigentlich vor, wenn A den B so manipuliert, dass B sich motiviert fühlt? Ist das nun Motivation oder ist das Manipulation? ... Das ist Motivation. Warum?

Was ist denn letztlich entscheidend? Wir befinden uns immer noch in der klassischen Situation zwischen Sender und Empfänger. Ist denn entscheidend, was der Sender von sich gibt oder ist entscheidend, was beim Empfänger ankommt? ... Richtig, nur was beim Empfänger ankommt zählt.

Wenn A also den B von ganzem Herzen motivieren möchte, aber B fühlt sich manipuliert, dann ist das in dem Moment in die Hose gegangen.

Wenn A den B eiskalt manipuliert, aber B fühlt sich motiviert, dann war das in diesem Moment richtig. Wir können also als Außenstehender niemals sagen, was zwischen zwei Menschen passiert, denn das einzige was zählt ist immer, wie es beim Empfänger ankommt.

Was hierbei auf zwei miteinander kommunizierende Menschen zutrifft, ist für den Dialog mit uns selbst allerdings genauso relevant. Wie oft stehen wir auf dem Platz und überlegen warum etwas nicht geht:

Der Abschlag ist aber heute weit hinten!
Die Fahne steckt echt schwierig!
Die Grüns sind verdammt schnell heute!
Der Gegenwind ist aber extrem stark!
Für ein Eisen zu lang, für ein Holz zu kurz!
Ob ich an dem Baum vorbeikomme?

Entweder denken wir uns diese Sachen oder wir sprechen sie sogar aus. Warum machen wir das?

Damit wir nachher, wenn das Ergebnis nicht passt, eine Ausrede haben?

Warum stellen wir uns den Schlag nicht einfach positiv vor? Wie soll er sein? Wo soll der Ball landen? Mit welchem Ergebnis bin ich zufrieden?

Ziele stecken, nicht ausreden suchen. Keine utopischen Ziele, aber realistische und anspornende Ziele sollten es sein.

Je nach Spielstärke ist das Ziel das Birdie. Wird es ein Par oder ein Bogey können wir auch noch mit leben. Und so können wir uns doch prima selbst beeinflussen, also motivieren. Wir sprechen mit uns selbst. Wir fordern uns selbst. Wir suchen keine Erklärungen oder Ausreden. Vor allem nicht im Vorfeld. Wenn wir das machen, brauchen wir doch gar nicht erst auf den Platz zu gehen.

Im Nachhinein können wir uns ja damit beschäftigen, warum etwas nicht so geklappt hat, wie wir es uns vorgestellt hatten. Denn aus Fehlern kann und soll man ja lernen.
Also, weniger ist manchmal mehr! Vor allem weniger negative Gedanken. Und manchmal auch weniger reden. Mit sich oder auch mit den anderen Mitspielern.

Das ist übrigens auch generell so eine Sache mit dem Reden während der Runde. Was sind Sie für ein Typ? Reden Sie gern und viel mit Ihren Flight-Partnern? Oder sind Sie eher der Schweigsame?
Je nach Situation? Ob vorgabewirksames Turnier oder lockere Freizeitrunde?
Oder aber ob es sich um die härteste aller Varianten handelt, nämlich die Freizeitrunde auf der „gezockt" wird?
Denn hier geht es ja richtig zur Sache. Hier geht es um die wahren Preise, die viel wichtiger sind als irgendwelche Pokale oder Platzierungen in der Rangliste.

Es zählt nicht der Applaus der Mitspieler und nicht der Handschlag des Teamkapitäns bei der Siegerehrung. Nein, das einzig Wahre sind die Getränke, die nach der Runde gezahlt werden müssen oder genossen werden dürfen, weil der zahlt, der verloren hat. Das ist was zählt.

Jedes Getränk, welches „gesponsort" wurde, das schmeckt doch direkt doppelt so gut. Und dann noch auf den „edlen Spender" prosten, damit auch alle mitbekommen wer die Runde verloren hat. Und falls derjenige noch eine „Lady" gespielt hat, dann natürlich auch noch mal ganz dezent darauf hinweisen. Immer drauf auf den „Loser".

Machen Sie nicht? Sie sind ein fairer Gewinner! Herzlichen Glückwunsch. Sind Sie auch ein fairer Verlierer? Warum diese Frage? Weil in diesen besagten „Zockerrunden" mit Haken und Ösen gekämpft wird. Da werden Spitzen verteilt, so ganz nach dem Motto:

„Jetzt nur nicht ins Wasser spielen."
„Oh, der Baum steht aber direkt im Weg."
„Das ist aber noch ganz schön weit bis zum Grün."
„Schwierige Lage im Bunker."
„So über dem Ball stehen ist immer blöd."
„Spiel mal lieber einen Provisorischen!"
„Du bist nochmal dran!"

Muss ich noch weitermachen?

Der eine verträgt solche Spitzen besser, der andere kann damit überhaupt nicht umgehen. Sender und Empfänger eben.

Aber gilt denn nicht gerade in diesen privaten Zockerrunden die Prämisse *„Ein bisschen Spaß muss sein!"* Allerdings wenn es um den Wettkampf geht, da hört für manche der Spaß auf. Da werden Freunde zu Feinden, Kumpels zu Rivalen und alte Bekannte zu erbitterten Gegnern. Das kann Golfen also auch sein, ein erbittertet Kampf. Jeder eben so wie er mag.

Leider hat sich so im Laufe der Zeit schon die ein oder andere Golfgemeinschaft wieder in Luft aufgelöst. Ähnlich wie Bälle, die im Wald nicht wiedergefunden wurden, verschwand die Freundschaft auch ganz allmählich oder auch sehr plötzlich. Auf einmal wurde er nie wieder gesehen, hatte keine Zeit mehr, beruflich und privat so viel um die Ohren, dass leider keine Zeit mehr für die Golfrunde mit den „alten Kumpels" wäre.

Manchmal gibt es allerdings auch Fälle, da ist man froh, dass man denjenigen so schnell nicht wieder sieht. Ich kann mich an eines meiner ersten Turniere erinnern. Mein Mitspieler hatte versehentlich das falsche Grün getroffen. Zwei Grüns liegen sehr dicht bei einander. Kann also passieren.
Der Ball musste aufgenommen und gedroppt werden. Gesagt getan.

Der Spieler nimmt seinen Ball auf, sucht sich eine passende Stelle und droppt den Ball. Es folgt ein sehr guter Chip und ein genauso guter Putt. Ergebnis also Par. Prima.
Der Spieler freut sich natürlich über das Ergebnis. Nach dem verzogenen zweiten Schlag befürchtet man ja oft schon schlimmes.

Wir gehen vom Grün und tauschen uns alle hinsichtlich unserer Ergebnisse aus, um sie auf die Scorekarten zu übertragen, als dessen Zähler auf einmal sagt: *„Du kriegts zwei Strafschläge, Du hast näher zur Fahne gedroppt!"*

Sie können sich das Gesicht des Spielers mit dem vermeintlichen Par vorstellen. Der ist förmlich aus allen Wolken gefallen.
„Wieso das denn? Ich bin vom Grün runter zur nächstmöglichen Stelle und habe dort gedroppt."

Dieser ganz penible Zähler erklärte ihm daraufhin, wo er eigentlich hätte droppen müssen und dass er ihm deshalb zwei Strafschläge notiere müsse.

Leute, wir sind hier nicht auf der PGA Tour. Es geht hier nicht um Millionen. Wir wollen Spaß und Freude am Spiel haben. Na klar, es soll alles mit rechten Dingen zugehen. Aber ob da jetzt jemand einen Meter weiter links oder rechts hätte droppen müssen, also das kann doch wirklich nicht das Thema sein, oder?
Und wenn er schon so genau ist, dann kann er es ihm doch auch sagen, bevor der andere seinen Ball droppt. Aber nein, das wäre dann auch nicht regelkonform. Lieber den Fehler erkennen und dann genüsslich darauf hinweisen.

Kommt schon, so etwas muss doch nicht sein. Das geht doch auch anders. Und vor allen Dingen war das jemand, der hundertprozentig nie absichtlich seinen Ball an der falschen Stelle droppen würde oder geschweige denn, sich absichtlich einen Vorteil verschaffen würde. Dafür lege ich meine Hand ins Feuer. Aber Menschen sind nun mal auch unberechenbar. Also der Zähler ist damit gemeint.

Ein anderer Golfer erzählte mir von seiner Begegnung mit einem echten „Spezialisten".

Ebenfalls ein Turnier. Nach der 18. Bahn setzten sich alle zusammen, um die Scorekarten abzugleichen, da sagte sein Zähler zu ihm:

„Du brauchst gar nicht zu zählen, Du hast 15 Schläger im Bag. Damit bist Du disqualifiziert!"

Ich habe im ersten Moment gedacht, er wollte uns veräppeln, aber an seinem Gesichtsausdruck sahen wir, dass es sein völliger Ernst war.

Ich habe ihn natürlich gefragt, wie er reagiert hat und er sagte mir, dass er kurz überlegt hat, was da gerade passiert, dann selbst seine Schläger gezählt hat und erkannte, dass sein Zähler recht hatte.

Er hatte nämlich einen neuen Schläger dabei und vergessen den alten aus dem Bag zu tun.

Auf seine Erklärung hin und die Info, dass er diesen alten Schläger überhaupt nicht benutzt hatte, folgte nur ein Achselzucken.

„Es sind trotzdem 15 Schläger in Deinem Bag."

Wie hätten Sie reagiert? Ich glaube, ich hätte ihm den 15. Schläger um den Hals gewickelt.

Nein, hätte ich natürlich nicht. Ich bin immer ganz ruhig und habe mich stets unter Kontrolle. Ich bewahre immer die Contenance und würde mich nie mit dem anderen anlegen. Na ja, wer weiß…?

Allein die Tatsache, dass ein Spieler irgendwann auf der Runde heimlich die Schläger seines Mitspielers zählt, allein schon auf die Idee zu kommen so etwas zu tun, zeigt doch was dieser Typ für ein Mensch sein muss. Schlimm, oder?

Wie gut, dass solche Menschen dann doch eher die Ausnahme sind. Aber wir sehen anhand dieser verschiedenen Beispiele, wie schwierig Menschen sein können. Wir unterschiedlich deren Verhalten und auch deren Einstellungen sein können. Und wie schnell Situationen auch völlig aus dem Ruder laufen können.

Damit es bei uns nicht soweit kommt, halten wir uns mit unbedachten Äußerungen zurück, sind immer lieb und nett, behandeln unsere Flight-Partner zuvorkommend und beachten alle Regeln der Etikette bis ins kleinste Detail. Wer dran glaubt…

Wie sieht denn die Realität aus? Natürlich gibt es eine Vielzahl an Menschen, die alle diese Tugenden besitzen und sie auch einbringen. Menschen sind verschieden. Golfer sind verschieden. Dementsprechend sind auch deren Verhaltensweisen ganz unterschiedlich.

Es gibt unter uns Golfern die verschiedensten Spielertypen:

- Es gibt den „Speedgolfer". Der geht am liebsten allein über den Platz und spielt eine 18 Loch Runde in unter 3 Stunden. Bag auf den Rücken und sportlich über den Platz gefegt.

Da wird auch nicht lange rumgemacht. Kein oder maximal einen Probeschwung und ab dafür. Und immer schön auf den Pulsmesser am Handgelenk achten. Ja nicht den Puls zu niedrig werden lassen. Ist ja schließlich kein Kindergeburtstag hier.

- Dann gibt es den „Wanderer". Der bewegt sich in diesem teilweise unwegsamen Gelände eher vorsichtig und zurückhaltend. Das Tempo, also das des Laufens und Spielens, ist für ihn nebensächlich.
Er hat auch nichts dagegen, 4-5 Stunden unterwegs zu sein. Er mag es lieber gemütlich. Nur nicht hetzten, der Alltag ist schon stressig genug.

- Dann gibt es da noch den „Sammler". Von vielen auch als der „Suchende" betitelt. Da wird das eigentliche Golfspiel fast zur Nebensache. Da zählen nur die gefundenen Bälle. Da wird die Angel an jedem erdenklichen Wasserhindernis ausgepackt und nach dem weißen Gold gefischt. Und zwar so lange bis auch wirklich kein Ball mehr in Reichweite ist.
Alle möglichen Landezonen in Wäldern, Anpflanzungen oder im Rough werden akribisch durchforstet. Nur damit der Fund nachher ordentlich begutachtet und gereinigt sich zu den anderen 300 „gefundenen" Bällen gesellen kann.

Wenn wir schon sagen, dass jeder Mensch verschieden ist, sollten wir uns auch diesen anderen speziellen „Typen" noch etwas genauer nähern.

Es gibt nämlich auch optisch die völlig unterschiedlichsten Persönlichkeiten. Vor einiger Zeit habe ich mit einem „neuen" Bekannten über das Thema Golfen gesprochen und er sagte nur:
„Golfen ist nicht meins. Diese ganzen überkandidelten Leute, mit ihren komischen Klamotten, sind gar nicht mein Fall!"

Solche Vorurteile, oder besser gesagt Klischees, haben wir doch alle schon häufiger gehört. Ich weiß nicht wie das in Ihren Clubs ist, aber bei uns ist das Publikum doch größtenteils ganz entspannt und nicht abgehoben oder irgendwie elitär.

Wobei, wenn man sich so den ein oder anderen Golfer anschaut, allein von der Kleidung und von Styling, hat man spontan doch das Gefühl, dass dort jemand sehr auf sein Äußeres bedacht ist.
Dann stellt sich die Frage: Ist das denn schlimm? Wenn dort jemand Wert auf sein äußeres Erscheinungsbild legt, ist das dann negativ zu bewerten?
Natürlich nicht. Wie sagt man so schön? Kleider machen Leute. Zumindest hat man das früher immer gesagt.

Wobei wir doch eher Menschen nicht nach Ihrer Kleidung beurteilen sollten. Das ist dann doch eher etwas oberflächlich.

Aber Fakt ist nun mal, für den ersten Eindruck gibt es keine zweite Chance. Das „Bild" welches diese Person hinterlässt, ist erst einmal da. Wie sich der Typ Mensch dann hinterher gibt, benimmt oder verhält, dass muss man erst mal abwarten.

Was auffällt, dass manche dann doch eher etwas verdutzt gucken, wenn Menschen auf den Golfplatz kommen, die aussehen, als ob sie gerade von der Baustelle oder vom Strand kommen.

Sagt Kleidung also doch etwas über den Menschen aus? Tatsache ist, wir beurteilen andere Menschen innerhalb weniger Sekunden. Wir sehen jemanden und das so genannte Vorurteil steht fest. Wir wirken immer! Wobei wir hier zwischen Bewusstsein und Unterbewusstsein unterscheiden müssen.

Denn viele von Ihnen werden sicher sagen, *ist mir doch völlig egal, wie der andere rumläuft, wichtiger ist, wie der Mensch ist.*

Dann sind wir beim Bewusstsein. Die Frage, die sich jetzt stellt, wie reagiert unser Unterbewusstsein? Kann es sein, dass doch irgendetwas in uns arbeitet? So ganz nach dem Motto: *Styling top, golfen flop. Der trifft ja keinen Ball, aber Hauptsache gekleidet wie ein Profi...*

Nicht nur das Styling wird von vielen begutachtet, sondern auch das Equipment. Was hat der andere für einen Trolley, welches Bag und welche Schläger werden benutzt?

Sind wir doch mal ganz realistisch. Was spielt das für eine Rolle? Gar keine. Also für die meisten zumindest. Viel wichtiger ist doch, ob wir mit unseren Mitspielern menschlich klarkommen. Denn wenn wir schon 4-5 Stunden gemeinsam über den Platz schreiten, sollte die Chemie doch schon einigermaßen stimmen.

Okay, wir haben nicht immer die Wahl. Gerade bei offiziellen Turnieren ist das ja eher eine Wundertüte. Wir kennen unsere Mitspieler vielleicht im Vorfeld nicht, gehen zum ersten Abschlag und sind natürlich ganz gespannt, auf wen wir dort treffen werden. Und manchmal heißt es leiden. Oh Mann, das kann ja was geben.

Und dann zeigt sich ganz schnell, wie gut wir mit solchen Herausforderungen umgehen können. Lassen wir uns und unser Spiel von diesen Eindrücken beeinflussen? Oder schaffen wir es uns ganz auf uns selbst zu konzentrieren?

Wie geht es Ihnen in solchen Situationen? Haben Sie im Nachhinein auch schon mal gesagt, *also mit dem spiele ich nie wieder!*
Solch eine Reaktion ist in diesem Fall doch nur allzu menschlich und ganz normal.
Letztendlich sind wir es aber immer selbst, die entscheiden, wie wir mit bestimmten Gegebenheiten umgehen. <u>Wir entscheiden selbst über wen und was wir uns ärgern.</u> Wir haben es in der Hand. Und dieses Thema betrifft uns doch ganz speziell mit unserem eigenen Spiel. Denn auch hier gibt es noch diverse Golfer-Typen:

- Es gibt den <u>Extrovertierten</u>. Den teilweise lauten und auch mal cholerischen Typen. Der spricht viel. Nicht nur mit anderen, sondern auch mit sich selbst. Der beschimpft sich auch gern mal selber. Da wird geflucht, verzweifelt und gehadert.

Ob ich da aus eigenen Erfahrungen spreche? Ja, natürlich. Früher mehr, mittlerweile weniger. Früher habe ich geflucht und es ist auch schon mal der Schläger geflogen.

In den letzten Jahren habe ich ganz bewusst an meiner Einstellung gearbeitet, weil ich gemerkt habe, dass es mir überhaupt nicht weiterhilft. Und geschweige denn auch meinen Mitspielern nicht hilft zu ihrem Spiel zu finden.

Okay, ich schimpfe das ein oder andere Mal auch noch mit mir, aber alles in Maßen, und das Ganze eher, um mich selbst zu motivieren und wieder zu konzentrieren.

Wie gesagt, jeder Typ ist anders. Und das ist auch gut so. Stellen wir uns nur einmal vor, alle Golfer wären gleich. Grausam und langweilig.

Auf der anderen Seite gibt es natürlich auch den Introvertierten. Dieser Typ redet einfach nicht gern. Nicht vor, nicht während und auch nicht nach der Runde. Da wird kein Witz gemacht, es fällt kein lockerer Spruch und auf gezielte Fragen gibt es nur vage Antworten. Da können Golfrunden auch schon mal sehr zäh werden.

Die Kunst beim Golfen ist es doch, sich für den jeweiligen Golf-Tag immer wieder neu einzustellen und das Beste aus sich herauszuholen.

Wobei auch hier jeder Mensch anders reagiert. Viele Golfer mit denen ich gesprochen habe, sagen, dass es ihnen gar nicht wichtig ist, wie oder wer der andere ist.

Die sind über die ganze Runde so sehr mit sich selbst beschäftigt, dass sie gar keine Zeit haben sich mit diesen Nebensächlichkeiten zu beschäftigen.

Oder sie sagen, man soll doch nicht über andere urteilen. Leben und leben lassen.

Wieso fällt mir da gerade eine Runde vom letzten Herbst ein? Was war passiert? Wir hatten Gäste beim Herrengolf. Einer der beiden Mitspieler war sehr gut. Einstelliges Handicap. Dementsprechend hat er auch gespielt.

Was mich allerdings gewundert hat, es kamen bei Erfolgserlebnissen, wie zum Beispiel einem Birdie, überhaupt keine Reaktionen. Nicht mal ein kleines Lächeln huschte über sein Gesicht. Nichts. Keine Reaktion. Ach doch. Nach meinem Glückwunsch - *„Schönes Birdie, toll gespielt!"* - kam ein ganz leises *„Danke"*. Das war es an Gefühlsausbrüchen.

Schon seltsam, Emotionen gehören doch irgendwie dazu.

Oder habe ich die falsche Einstellung? Oder gibt es hierbei kein richtig oder falsch? Oder gehört es sich nicht, auf dem Golfplatz Emotionen zu zeigen? Oder liegt es einfach nur daran, dass jeder Typ anders ist? Jeder drückt seine Emotionen anders aus.

Ich bin auf jeden Fall froh, wenn diese Emotionen stattfinden. Natürlich alles im Rahmen. Ausarten sollte das Ganze natürlich auch nicht.

Bei den Profis gibt es ja diesbezüglich auch die verschiedensten Charaktere. Viele Zuschauer wollen gerade die „Typen" sehen, die auch mal aus der Haut fahren, wo auch mal der Schläger in die Tasche gefeuert wird, wo man das Gefühl hat, denen geht es genauso wie uns. Mal ein Lächeln, mal ein frustrierter Gesichtsausdruck oder mal ein Spaß der sich mit den Flight-Partnern oder Zuschauern erlaubt wird.

Auch bei den Verhaltensweisen gibt es kein Richtig oder Falsch. Denn jeder Typ ist anders. Das Empfinden bei uns ist nun mal immer rein subjektiv. Was der eine als seltsam empfindet, ist für den anderen ganz normal.

Drei „Typen" gibt es noch, die wir auf jeden Fall erwähnen sollten. Zum einen haben wir da noch den jeden Tag Golfer, den Gelegenheitsgolfer und den Trainingsweltmeister.
Worin unterscheiden sich die ersten beiden? Der Name sagt ja schon alles. Der „jeden Tag Golfer" ist womöglich Privatier oder Rentner. Die Zeit wird einfach gern und viel auf dem Platz verbracht. Ab und zu erwischt man noch den ein oder anderen Firmenboss, der sich einfach die Zeit nimmt. Allerdings gerade bei jenen fragt man sich schon mal:
Was sagen eigentlich dessen Mitarbeiter dazu, dass der Chef fast jeden Tag auf dem Golfplatz ist?

Aber ganz realistisch betrachtet, was geht es uns an? Soll doch jeder so machen wie er will oder kann. Wie oft hört man den Kommentar: *„Ach der ist doch jeden Tag hier. Der wohnt doch auf dem Golfplatz!"*

Na und? Ist doch nicht unser Problem.

Vielleicht ist das auch eine unbedachte oder unbewusste Äußerung. Trotzdem stellt sich die Frage: Warum? Warum kritisieren, beurteilen oder bemängeln wir? Sind wir vielleicht nur neidisch? Gönnen wir es dem anderen unbewusst nicht?

Ich kann es Ihnen nicht sagen. Womöglich liegt es einfach im Naturell von uns Menschen. Der Sammler und Jäger, der wir von hunderten von Jahren waren, der sind wir wohl heute immer noch. Nur dass wir heute entweder Golfbälle „sammeln" oder Menschen „jagen". Natürlich nicht im gewalttätigen Sinn, sondern im übertragenen Sinn.

Wir „jagen" Informationen, Aussagen, Handlungen und alle Arten von Emotionen.

Was fällt uns hierbei auf? Wir beschäftigen uns teilweise viel zu viel mit anderen Menschen und äußerlichen Umständen. Wir konzentrieren uns viel zu wenig auf uns und unser Können. Es gibt so viele Nebenkriegsschauplätze, die uns von dem ablenken, was eigentlich Priorität haben sollte. Nämlich wir selbst.

Sind wir zu labil? Fehlt uns die innere Stärke? Haben wir zu wenig Selbstvertrauen? Oder sind wir einfach nur Menschen?

Menschen, die auch gern und viel trainieren. Denn diese „Trainingsweltmeister" kennen wir doch alle. Während die „jeden Tag Golfer" ausschließlich auf dem Platz „trainieren" und selten bis gar nicht einen Eimer Bälle auf der Driving-Range durch die Gegend schlagen, gibt es eben genau das Gegenteil. Nämlich diejenigen, die fast jeden Tag auf der Range zu finden sind. Die haben Spaß und Freude daran, zu üben, zu üben und zu üben. Nicht umsonst heißt es ja auch: Übung macht den Meister! Jeder wie er mag.

Da fällt mir gerade ein, es gibt noch einen Typen. Und zwar die Mischung der beiden letztgenannten. Den „jeden Tag Golfer", der aber meistens nur 9 Loch geht und dafür davor oder danach noch einige Bälle auf der Range spielt. Wir Golfer sind schon ein kreatives Volk, oder?

Was heißt das jetzt letztendlich für uns? Wir sollten Menschen nicht beurteilen oder bewerten. In Köln heißt es so schön: *Jeder Jeck ist anders!*
Bevor wir andere in irgendeine Schublade stecken, sollten wir doch einfach mal selbst in den Spiegel schauen. Vielleicht sollten wir uns mal selbst hinterfragen und nicht immer auf die anderen schauen.

Golfen ist toll!

Tee 2 – Der Platz

Genauso wie wir gern Menschen beurteilen, sind wir
ja auch sehr schnell dabei den Golfplatz zu beurteilen.
Wie deckt sich das mit Ihren Erfahrungen? Beurteilen
wir die Gegebenheiten eher positiv oder negativ?
Schieben wir nicht gern mal unser schlechtes Spiel
auf den Platz.
„Der Abschlag ist aber auch krumm und schief."
„Jetzt liegt der Ball genau in einem Divot."
„Die Grüns sind aber auch echt schnell heute."
„Das Rough ist viel zu hoch." Usw., usw.

Wie oft kommen die Golfer von der Runde, treffen
sich noch zu einem kleinen Absacker und lassen sich
über die Zustände des Platzes aus. Mag sein, dass
viele Kritiken auch berechtigt sind. Letztendlich war
der Platz aber vor uns da. Also müssen wir mit dem
klarkommen, was auf uns zukommt. Natürlich, wir
bezahlen viel Geld, um diesen schönen Sport auszuüben, also können wir auch ein Top-Zustand verlan-
gen. Das sollte auch so sein. Die Frage ist, ob sich da
jemand böswillig an dem Platz auslässt, damit wir uns
darüber ärgern oder ob es einfach Gegebenheiten
sind, die so schnell nicht verändert oder verbessert
werden können.

Es gibt passend dazu einen schönen und wahren Spruch:

„Beklage Dich nicht über die Welt, sie war vor Dir da!" (Mark Twain)

Aber beklagen fällt uns doch leicht. Wir können Tag für Tag über alles und jeden unseren Ärger oder Frust in die Welt posaunen. Nichts leichter als das.

Wie oft erwähnen wir denn bewusst die positiven Dinge des Lebens? Kann es sein, dass wir die „alltäglichen" Dinge des Lebens als ganz normal ansehen? Gesundheit, Familie, Freunde, Beruf, uvm. Ist doch ganz normal? Nein! Leider gibt es hunderttausende von Beispielen in denen das nicht der Fall ist. Aber wollen wir uns damit beschäftigen? Nicht so gern. Was spricht also dagegen, sich viel bewusster mit seinen eigenen positiven Punkten zu beschäftigen?

Gar nichts! Na gut, vielleicht der Alltag. Das alles um uns herum, das lenkt uns schnell mal ab von dem was eigentlich zählt. Und schon beschäftigen wir uns wieder mit den negativen Dingen des Lebens.

Schuld sind immer die anderen. Schuld ist immer der Platz, das Wetter, das Material oder der Flight.

Okay, über den Flight, oder besser gesagt über deren Personen, haben wir uns ja schon zu genüge ausgelassen. Also widmen wir uns dem Platz an sich. Und zu dem Platz gehört ja so einiges.

Zum einen natürlich ganz klar, die Abschläge, die Fairways, und die Grüns. Aber genauso gehören auch die Roughs, die Sträucher, die Bäume und die Wege dazu. Dann gibt es noch die Ballreiniger, die an jedem Abschlag nicht fehlen sollten. Und wenn man mit den Golfern spricht, gehört deren Meinung nach auch das Clubhaus zum Platz. Dann müssten wir aber fairerweise auch die Drinvingrange, alle anderen Übungsmöglichkeiten und den Parkplatz hinzunehmen. Und eines dürfen wir auf gar keinen Fall vergessen, die Gastronomie.

Somit stellt sich natürlich die Frage, über was lassen wir uns zuerst aus?

Hört sich so an, als gäbe es redebedarf. Das ist wahrscheinlich in jedem Golfclub gleich, es ist nirgendwo perfekt. Vielleicht gibt es Clubs, in denen das annähernd so ist, aber wenn man den Berichterstattungen der Golfer glauben darf, dann ist das eher die Ausnahme. Überall gibt es bestimmte Dinge die einem negativ auffallen.

Wobei wir auch hier wieder unterscheiden müssen. Wieso? Weil jeder Mensch anders ist. Was der eine als störend empfindet, ist für den anderen vielleicht normal. Was dem einen fehlt, interessiert den anderen womöglich überhaupt nicht. Und genau aus diesen Gründen kann es ein Golfclub ja auch gar nicht schaffen, es jedem Mitglied, Spieler oder Gast recht zu machen. Irgendetwas ist immer.

Also eigentlich ist es müßig sich über genau diese Sachen zu unterhalten. Vielleicht können wir es ja schaffen, diese besonderen Gegebenheiten in ein anderes Licht zu rücken, beziehungsweise den Menschen einen Impuls zu geben, dass alles relativ ist.

Wie bereits erwähnt fällt es uns ja oftmals leicht, sich über alles und jeden aufzuregen. Natürlich können wir uns schon bei unserer Ankunft am Golfplatz über die Leute ärgern, die nicht in der Lage sind, ihren Pkw anständig abzustellen. Entweder stehen dort welche so, dass nur noch ein Auto daneben passt, anstatt normalerweise zwei. Oder sie parken so krumm und schief, dass man lieber einige Meter weiter fährt. Wer weiß wie der ausparkt, wenn der schon so sein Auto abstellt. Aber wir wollen uns doch gar nicht aufregen. Wir wollen doch eine entspannte Runde auf dem Platz verbringen.

Also gehen wir lieber zum Caddyraum und denken nicht weiter über diese Parkspezialisten nach. Nur leider treffen wir dort auch ab und zu mal auf den ein oder anderen Parksünder. Der Gang im Caddyraum ist eng, aber das Bag auf dem Trolley braucht ja auch seinen Raum. Also einfach mal mitten im Gang parken. Seltsam, weit und breit kein „Herrchen" zu sehen. Wo ist der Besitzer dieses Gefährts? Keine Ahnung, wahrscheinlich auf dem stillen Örtchen.

Na wie gut, dass sein Trolley hier so sicher aufgeho-
ben ist. Dann schieben wir dieses Teil mal zur Seite
damit wir an unseren Schrank kommen.

Würden Sie auch gern herausfinden, ob der schlechte
oder egoistische Pkw-Parker und der „Trolley in den
Weg Absteller" ein und dieselbe Person sind? Also
ich schon. Aber ich kann ja jetzt nicht auch noch De-
tektiv spielen. Und wozu auch? Es bringt mich auch
nicht weiter. Also lassen wir das. Wir wollen doch nur
auf den Platz. Unsere Abschlagzeit startet schließlich
gleich.

Weg zum 1. Tee Hummelbachaue Oktober 2018

Am 1. Tee angekommen wundern wir uns über die Vielzahl der Leute. Normalerweise dürften hier nur die drei Mitspieler stehen, mit denen wir uns verabredet haben. Aber wieso sind da noch mehrere?

Haben sich wohl wieder welche dazwischen gemogelt! Oder aber es ist schon kurz nach dem ersten Abschlag zum Stau gekommen. Na prima, auf der Autobahn ohne Probleme durchgekommen und dafür Stau auf dem Golfplatz. Da kommt Freude auf.

Liegt das daran, dass wir keinen Ranger bei uns im Club haben, der hier für Ordnung sorgen sollte? Kann sein. Oder liegt es einfach an den Menschen, die machen was sie wollen? Auch möglich.

Wie oft haben wir es schon erlebt, dass wir vom 9. Grün zum 10. Abschlag gehen und auf einmal laufen dort Menschen über das 10. Fairway, die vorher nicht da waren. Also sind die einfach mal auf der 10 gestartet, ohne zu gucken ob von der 9 jemand kommt.

Kennen Sie? Da kommt wieder Freude auf, oder? Rücksichtslos nach dem Motto: Nach mir die Sintflut. Bestimmt ist einer von denen da vorn der Egoist vom Parkplatz.

Letztens hatten wir noch eine andere besondere Begegnung auf dem Platz. Wir stehen auf dem 12. Abschlag, welcher erhöht und nicht sofort einsehbar liegt. Einer unserer Mitspieler will gerade abschlagen, da kommt ein Einzelspieler den Berg hochgerauscht.

Ganz bewusst erwähne ich diesen Begriff, hochgerauscht. Er sprintet also förmlich den Berg in Richtung Abschlag hoch, schleift seinen Trolley beim Abstellen über den Schotter und schon verzieht unser Spieler seinen Abschlag.

Jetzt können Sie sich bestimmt vorstellen, was gleich passiert. Ein Wortgefecht sondergleichen begann. Und das war kein zielführendes Gespräch, sondern eher ein Anschreien und gegenseitiges Beschuldigen. Mit dem Resultat, dass jeder von dem anderen den Namen wissen wollte, um diesen beim Club zu melden.

Was wir anderen Drei gemacht haben? Na ja, einer hat sich ganz rausgehalten und wir anderen versuchten unseren Spieler zu beruhigen. Mit mehr oder weniger Erfolg. Letztendlich zog der Einzelspieler von dannen, also wir haben ihn durchspielen lassen und wir konnten alle wieder etwas herunterfahren.

Apropos Durchspielen. Dieser „Sprinter" spielte tatsächlich vom Fairway einen Ball. Den Abschlag hatte er sich gespart. Aber wahrscheinlich wollte er ganz demonstrativ oder auch provokativ zeigen, wer hier der Chef ist. Was bringt es ihm? Genugtuung? Womöglich. Aber was soll das? Warum geht er nicht direkt auf den nächsten Abschlag? Reicht es nicht, dass er uns alle schon am Abschlag genervt hat? Egoist!

Unsere nächsten Minuten waren dann sowieso nicht die besten. Also rein spielerisch gesehen. Na klar, auch emotional muss man erst mal wieder runterkommen. Denn eines ist ja klar. Zum einen regt uns dieser Egoist natürlich auf, zum anderen trägt die aggressive Stimmung, die dort herrschte, auch nicht dazu bei, die nächsten Bälle entspannt zu schlagen.

Was ist das Resultat einer derartigen Situation? Wir können noch so oft versuchen unser Bewusstsein einzusetzen, manches Mal übernimmt einfach unser Unterbewusstsein die Kontrolle. Denn nichts anderes ist dort in diesem Fall passiert.

Das Unterbewusstsein des Spielers am Abschlag fühlt sich angegriffen oder ungerecht behandelt und schon fängt die Lunte an zu brennen. Bis hin zum großen Knall. Viele sagen jetzt auch, zurecht!

Das Bewusstsein müsste dem Unterbewusstsein ja erst mal haarklein erklären, dass dieses ganze „Wer hat den größten Gehabe" zu überhaupt nichts führt. Aber in der Kürze der Zeit ist das überhaupt nicht möglich. Zumindest nicht bei untrainierten oder leicht reizbaren Menschen.

Was hat das alles jetzt mit dem Platz zu tun? Irgendwie sind wir ja gerade wieder bei den Menschen.

Weil oftmals die Menschen, die diesen schönen Platz bevölkern, einem gar nicht die Möglichkeit lassen, sich über die schönen Seiten der 18 Löcher zu freuen.

Weil das Genießen einer Golfrunde nicht nur von seinem eigenen Spiel abhängt, sondern auch von der Art und Weise wie wir den Platz und die Umgebung selbst genießen.

Wer von uns geht denn schon so bewusst über den Platz, dass er die Farben der Blätter an den Bäumen bestaunt?

Übergang zum Inselgrün 16. Bahn Hummelbachaue Oktober 2019

Wer freut sich denn über die Sonnenstrahlen, die durch die Äste auf das Grün scheinen?

Wer genießt denn ganz bewusst dieses Privileg, zum Beispiel mittags an einem Wochentag einen tollen Golfplatz erleben zu dürfen?

Wer freut sich ganz konkret darüber, die frische Luft einzuatmen und nicht irgendwo im stickigen Büro oder Konferenzraum zu sitzen?

Abschlag 11. Bahn Hummelbachaue September 2019

Was geht es uns doch gut! Warum multiplizieren wir diese Eindrücke nicht einfach auf unser Spiel? Man sagt ja, Golfen wird zu 80% im Kopf gespielt.

Also, warum nutzen wir nicht die Kraft der positiven Einstellung und haben einfach Freude an diesem schönen Spiel. Egal wie auch immer die Runde ergebnistechnisch verlaufen wird. Wir müssen ja schließlich kein Geld damit verdienen. Gott sei Dank ist das so. Sonst würde ich schon mal am Hungertuch nagen.

Golfen ist toll! Golfen ist außergewöhnlich! Es ist nach Stabhochsprung die zweitschwerste Sportart auf der Welt.
Na also, da haben wir es doch. Wieder ein Grund zur Freude. Wir können eine Sportart ausüben, die uns enorm viel abverlangt.
Um den Bogen wieder zu dem Platz an sich zu finden, natürlich können wir uns über jedes Divot, über jede einzelne nicht ausgebesserte Pitchmarke auf dem Grün und über jeden nicht geharkten Bunker maßlos aufregen.

Aber unterm Strich, was bringt es uns? Überhaupt gar nichts. Menschen sind von Natur aus faul und bequem. Und dem einen oder anderen fällt es anscheinend nicht mehr ganz so leicht, sich für jede dieser angesprochenen Sachen zu bücken. Das Spiel an sich ist ja schon anstrengend genug.

Das ist ähnlich wie in den Fitnessstudios. Die Hanteln werden voller Leidenschaft in die Luft gestreckt und dann einfach auf den Boden geknallt und dort liegen gelassen. Zum ordentlichen Zurückräumen fehlt einfach die Kraft. Die Übungen waren so anstrengend, da lässt man einfach alles stehen und liegen und geht weiter zur nächsten Station.

Und solche Parallelen gibt es auch im Alltag zu genüge. Da wird im Klamottengeschäft die Jacke anprobiert und danach einfach über den Ständer geworfen. Der Bügel ist zwar noch in Griffweite, aber hey, wozu gibt es schließlich Personal?
Wahrscheinlich denken manche Golfer genauso. Warum soll ich jetzt den Bunker harken, da fährt der doch nachher mit seinem Rechen drüber.

Im Supermarkt werden irgendwelche Artikel aus dem Regal genommen, bis einem auffällt, ach das brauche ich doch nicht. Und schon verschwindet dieses Produkt einfach dort im Regal wo wir uns gerade befinden.

Da landet dann der Kaffee schon mal in der Kühltheke. Ab warum auch nicht, schließlich gibt es hier doch Personal. Da muss ich doch nicht den ganzen weiten Weg wieder zurück gehen.

So geschehen auch auf dem Golfplatz. Jetzt habe ich schon einigermaßen ordentlich meine Spuren im Bunker beseitigt, jetzt muss ich wohl nicht auch noch die Harke wieder ordnungsgemäß ablegen. Nein, die wird schwungvoll irgendwohin gefeuert. Wie gesagt, nach mir die Sintflut.

Nicht dass Sie sich jetzt bei diesen ganzen Beispielen angesprochen fühlen. Sie meine ich nicht. Es sind natürlich immer die Anderen. Sie sind stets vorbildlich unterwegs, haben ein Auge für den Platz und denken auch an die anderen Golfer.

Vor ein paar Wochen habe ich mit einem langjährigen Mitglied gespielt. Auf die Frage, wie ihm aktuell der Platz gefalle, antwortete er: *„Ist echt schwer geworden. Die Umbaumaßnahmen machen den Platz nicht unbedingt einfacher."*
Wie gesagt, ein langjähriges Mitglied, der diesen Platz mindestens viermal die Woche spielt.

Wir sind somit bei einem Klassiker. <u>Veränderungen</u>! Wie geht es uns Menschen eigentlich in Bezug auf Veränderungen? Freuen wir uns darauf oder stören uns Veränderungen eher?
Nehmen wir Veränderungen mit offenen Armen auf oder versuchen wir uns eher dagegen zu wehren?
Die wenigsten Menschen können mit Veränderungen umgehen. Viele unterschiedliche Studien haben gezeigt, dass es für über 70% aller Menschen zusätzlichen Stress bedeutet, wenn Veränderungen auf sie zukommen.

Und so scheint das auch auf dem Golfplatz zu sein. Wird ein Abschlag umgebaut, beziehungsweise verlegt, heißt das Veränderung. Und im Unterbewusstsein mancher Spieler bedeutet das, sie müssen aus ihrer Komfortzone heraus und müssen sich mit einer neuen ungewohnten Situation beschäftigen. Also Stress.

Werden um ein Grün herum die Bunker verändert, so dass sich das Anspielen des Grüns ebenfalls verändert, bedeutet das Stress.

Werden Wege vom oder zum Grün umgebaut, bedeutet das Stress.

Am liebsten soll immer alles so bleiben wie es ist, dann kann man wie gewohnt seinen Stiefel runterspielen. Bloß keine Abwechslung oder neuer Herausforderung ins Spiel bringen. Wenn es geht, den Platz so lassen, bis man selbst das zeitliche segnet.

Wenn es machbar wäre, würden diese Spieler den Platz genauso weiterspielen, wie sie es schon jahrelang gemacht haben. Wenn es ginge würden sie dem Club sagen, lasst alles so wie es ist, ist doch schön so. Ach, auf einmal ist der Platz schön so wie er ist. Da wird nicht mehr über die zu schmalen Fairways, das zu hohe Rough oder die zu kleinen Grüns gemeckert. Nein, alles ist doch soooo schön. Wenn da nur nicht diese Veränderungen wären.

Auf der anderen Seite müssten sich diese Menschen doch eher über die Veränderungen freuen. Endlich mal wieder etwas, wo sie sich drüber auslassen können. Nach der Runde schön drüber herziehen, *was doch das alles für ein Mist ist. Das macht doch den Platz viel zu schwer. Manche Bahnen sind überhaupt nicht mehr spielbar.*

Und endlich haben wir wieder einen Grund, warum unsere Ergebnisse nicht wirklich berauschend sind. Der Platz ist schuld. Natürlich, wer auch sonst.

Wobei ich doch auch erwähnen muss, dass sich in der letzten Saison tatsächlich viele Golfer positiv geäußert haben. Und zwar über das Rough. Die Jahre zuvor war das kein Rough, sondern eher ein halber Urwald. Einmal hineingespielt und weg war der Ball. Alle haben gesehen wo er rein geflogen ist, keiner hat ihn jemals wieder gefunden. Und wenn durch Zufall einer auf den Ball trat und er somit tatsächlich gefunden wurde, stellte sich immer noch die Frage, wie soll man ihn dort herausspielen? Meistens keine Chance. Und wenn, dann einfach nur kurz raus aufs Fairway. Meter machen war eh nicht möglich. Aber dieses „einfach raus" war in der Realität nicht wirklich einfach. Es war letztendlich ein Glückspiel.

Das hat sich jetzt merklich verbessert. Und ja, die Golfer haben es positiv registriert. Hurra! Golfen ist toll!
Auch hier passt unser Thema hinsichtlich der richtigen inneren Einstellung natürlich wieder wunderbar. Wie oft erlebt man, dass die Spieler trotzdem das Grün angreifen wollen, obwohl sie realistisch betrachtet gar keine Chance haben. Der Ball ist viel zu tief im Rough, aber egal. Attacke…

Rough 3. Bahn Hummelbachaue September 2016

Also wir sehen, anhand der positiven Äußerungen, Veränderungen können doch tatsächlich auch etwas Gutes sein.

Und dann wurden sogar noch an einigen Bahnen die Fairways breiter gemäht. Eine Unverschämtheit. Jetzt wird das Spiel doch tatsächlich einfacher. Da kann ja gar keiner mehr meckern und sein schlechtes Golf auf die Beschaffenheiten des Platzes schieben.

Halt, zu früh gefreut. Und ob man das noch kann. Denn um den Platz nicht zu leicht erscheinen zu lassen, wurden die Grüns nach und nach etwas kleiner. Und da war es dann auch schon wieder. Endlich wieder ein Argument warum das Ergebnis so schlecht war. Na klar, die zu kleinen Grüns waren schuld.

Und wenn es nicht die Grüns waren, dann war es eben der Sand in den Bunkern. Der ist aber auch in jedem Bunker anders. Das geht aber nun wirklich nicht. Und dann noch diese Bunkerkanten. Wer hat die eigentlich so fabriziert? Das geht doch gar nicht.

Und wenn dann immer noch Bedarf an Ausreden und Rechtfertigungen ist, dann war der Wind zu stark, die Sonne zu heiß oder der Regen zu nass.

Und genau diese Veränderungen natürlichen Ursprungs sind ja immer da. Stichwort Klimawandel. Und glauben Sie mal nicht, dass das nicht auch als Argument genutzt wird, um von seinen eigenen Schwächen abzulenken.

Veränderungen hin oder her. Über eines sollten wir uns bewusst werden. Wir können uns noch so sehr dagegen wehren, aber größtenteils tritt die Veränderung trotzdem ein. Das heißt, wir setzen unnötig Kraft ein, um gegen diese Veränderungen anzukämpfen und sie sind trotzdem da. Und somit haben wir unsere Kraft vergeudet.

Wäre es also im Umkehrschluss nicht viel angenehmer *„JA zur Veränderung"* zu sagen und zu überlegen, welchen Nutzen wir daraus ziehen können.

Oder zumindest darüber nachzudenken, wie wir diese Veränderungen für uns nutzen können und somit unsere Kraft nicht vergeuden, sondern gewinnbringend einsetzen.

Golfen ist toll!

Tee 3 – Das Material

Nachdem wir uns ausführlich um die Menschen und um den Platz gekümmert haben, müssen wir uns natürlich auch dem Material widmen.

Den Schlägern, den Bällen, den Bags, den Trolleys, den Handschuhen und der gesamten Kleidung.

Wieso? Weil das ein Milliardengeschäft ist. Und weil es ohne nicht geht. Also zumindest nicht ohne Schläger und Bälle. Okay, ohne Bag geht es auch nicht. Trolley ist gar nicht unbedingt von Nöten. Es gibt genügend Spieler, auch gerade die Jüngeren unter uns, die fast ausschließlich tragen.

Die Frage, die sich stellt: Haben diese ganzen materiellen Sachen tatsächlich Auswirkungen auf unser Spiel? Ich weiß gar nicht, ob es hier ein Ja oder Nein geben kann. Wahrscheinlich passt eher ein „kann sein – muss aber nicht".

Ich hatte letztens wieder das Vergnügen mit einem ganz speziellen Typen Golf zu spielen. Jeder im Club kennt ihn. Ein netter Kerl und ein guter Golfer. Er schwört auf seine Schläger. Bis auf eine Ausnahme, nämlich den Driver, alles Relikte der Steinzeit. Na gut, ganz so alt sind sie nun doch nicht. Aber sagen wir so, sie haben schon ein paar Jahre auf dem Buckel. Genau wie ihr Besitzer auch.

Er sagt aber ganz offen, *wieso soll ich mir alle paar Jahre immer wieder neue Schläger kaufen, ich spiele doch mit den alten wunderbar.*

Es gibt natürlich auch die anderen, die immer auf der Suche sind. Auf der Suche nach dem perfekten Schläger, nach dem perfekten Material. Da wird getestet bis der Arzt kommt. Ganz im Stile der Profis, werden Eisen der unterschiedlichsten Marken in Augenschein genommen. Es werden Hölzer und Driver der neuesten Generation auf Herz und Nieren geprüft.

Und wenn man sich dann endlich für einen neuen Satz entschieden hat, dann kann es losgehen. Ab auf die Bahn. Lassen wir die Bälle fliegen. Weiter und präziser als jemals zuvor.

Und sollte der unerwartete Fall eintreten, dass das Spiel dadurch nicht eklatant besser wird, dann ist natürlich das neue Material schuld. Ist doch klar.

Ab zu eBay damit und schnell diese Mistdinger wieder verkaufen.

Bei den Trolleys sind die Anbieter sowie die Nutzer der Pkw-Industrie ja schon lange Zeit voraus. Die verschiedensten Modelle laufen batteriebetrieben. Okay, ein Verbrennungsmotor in einem Golf-Trolley wäre auch wirklich etwas seltsam. Und auch ein wenig zu laut. Von der Umweltverschmutzung ganz zu schweigen.
Auch hier gibt es wieder solche und solche. Also nicht die Trolleys sind jetzt gemeint, sondern deren Besitzer. Es gibt diejenigen, die nur noch auf Elektro-Trolleys schwören und es gibt diejenigen, die weiterhin ihre „Karre" schieben oder ziehen.

Wenn ich allerdings sehe, wie viele der Elektro-Trolley-Nutzer Probleme mit ihrem Gefährt haben, bin ich doch ganz froh, zu den „Ziehenden" zu gehören. Na ja, ich bin ja auch noch jung und knackig. Da wird man sich ja wohl noch ein bisschen körperlich betätigen können. Wie alt ich bin? Das geht Sie überhaupt nichts an! Spaß. Das sage ich Ihnen gern. 48 Jahre!
Sie haben vollkommen recht, wenn Sie jetzt sagen, *na ja, jung ist das ja auch nicht unbedingt.* Und die, die mich kennen werden wahrscheinlich sagen, *also mit dem Knackig ist das aber auch schon eine ganze Weile her.*

Liegt immer im Auge des Betrachters. Also, wieder zurück zum Ernst der Sache. Es geht ja hier schließlich nicht um mich. Also ab und zu schon, Aber das lässt sich nun mal nicht vermeiden, dass der Autor sich selbst mit einbezieht.

Nun wieder zurück zum Material. Was ist denn Ihre Einstellung dazu? Immer das Neueste vom Neuen? Oder tun es die alten Schätze genauso gut?

Und wie steht es mit der Kleidung? Sind Sie Stammgäste im Pro-Shop? Oder wird doch eher vieles online bestellt? Oder sind Sie auch dort eher konservativ unterwegs und nutzen die Kleidungsstücke die Sie im Schrank haben?

Auch hier drängt sich die Frage auf, gibt es hierbei ein Richtig oder ein Falsch? Nein, gibt es nicht. Das wäre ja noch schöner. Soll doch jeder machen wie er möchte. Und die Betreiber der Pro-Shops sollen ja schließlich auch ihr Geld verdienen.

Kommen wir also lieber zur alles entscheidenden Frage: Hilft uns die richtige Kleidung unser Spiel zu verbessern? Womöglich. Denn auch hier kommt unser Unterbewusstsein wieder ins Spiel. Verdammt ist das häufig anwesend.

Fühlen wir uns in unserer Haut wohl, so gehen wir auch mit einem guten Gefühl auf den Platz. Unser Unterbewusstsein suggeriert dem Bewusstsein, dass da außen am Körper alles in bester Ordnung ist. Wären TV-Kameras auf uns gerichtet, hätten wir den Kleidungswettbewerb schon gewonnen.

Und somit hat es dann wohl doch auch Einfluss auf unser Spiel. Denn geht es gerade beim Golfen nicht auch extrem um den Wohlfühlfaktor? Wenn wir uns in unserer Haut nicht wohl fühlen, werden wir wahrscheinlich auch wenig erfolgreich sein.

Und wenn wir nicht erfolgreich sind, kommt natürlich auch keiner Freude auf. Und wenn wir keine Freude empfinden, wird alles eher zu einer Qual.

Ich weiß noch, dass ich mich vor vielen Jahren immer gewundert habe, wenn meine Eltern vom Golfen nach Hause kamen, dass mein Vater oftmals richtig schlechte Laune hatte. Ich konnte das damals nicht nachvollziehen. Heute schon eher. Wobei sich auch hier die Frage aufdrängt: Nehmen wir eventuellen Frust von der Runde mit nach Hause? Oder direkt nach der Runde, sind wir von unserem schlechten Spiel genervt? Oder haken wir es recht zügig ab und schauen wieder nach vorn?

Ist wahrscheinlich manchmal gar nicht so einfach mit der Selbstmotivation, beziehungsweise mit der Selbstmanipulation. Wir müssen uns auch hier wieder bewusst selbst manipulieren, um uns zu motivieren. Denn sind wir doch mal ganz realistisch. Es gibt schlimmeres als eine schlechte Golfrunde. Und das ist jetzt nicht nur so dahingesagt und soll auch nicht als Floskel rüberkommen.

Wenn wir der Realität mal ganz klar ins Auge sehen, dann könnte es uns doch wesentlich schlechter gehen. Und was machen wir? Wir kommen von der Runde, regen uns auf, sprechen nur über das was nicht gut gelaufen ist, anstatt nach Vorn zu schauen und uns zu sagen, beim nächsten Mal wird es wieder besser.

Und noch einmal, wenn Ihnen bestimmte Kleidung, der richtige Handschuh, die neuesten Schläger und was weiß ich noch alles dabei helfen, na dann bitte schön. Und ja nicht den falschen Ball spielen. Also nicht auf der Runde den Ball eines anderen Spielers spielen, sondern, dass Sie aus Versehen nicht Ihre Lieblingsmarke spielen. Haben Sie auch eine Marke, die Sie bevorzugen. Es gibt ja genügend Golfer, die nur eine bestimmte Marke spielen. Warum auch nicht. Wenn es hilft. Wir Golfer sind ja auch überhaupt nicht abergläubisch, nein auf gar keinen Fall.

Golfen ist toll!

Tee 4 – Der Sport

Wir haben uns ja nun schon mit den verschiedensten Typen auf dem Platz beschäftigt. Welches Thema im Freundeskreis auch sehr häufig aufkommt, wenn man über Golf spricht: *Das ist doch kein Sport!*
Wie oft haben wir schon von Menschen gehört, die keinen Bezug zu dieser wundervollen Sportart haben, dass diese Aussage kam: *So ein bisschen über den Platz gehen und einen Ball durch die Gegend hauen, das ist doch kein Sport!*

Als junger Mensch, zu den Zeiten als meine Eltern mit dem Golfen anfingen, sah ich das genauso. Aber die Realität hat mich irgendwann eines Besseren belehrt. Dementsprechend kann ich diese Aussagen natürlich nachvollziehen.
Auf der anderen Seite, wenn man sich dem Golfsport hingibt, merkt man ganz schnell, dass es sich durchaus um eine ernstzunehmende Sportart handelt. Denn beim Golfen kommen so viele verschiedene Eigenschaften zusammen, wie sonst fast nirgends. Außer eben beim Stabhochsprung.
Die Kombination aus körperlicher Anstrengung, es werden bis zu 130 Muskeln quer durch den ganzen Körper beansprucht, und mentaler Herausforderung sind enorm.

Wir sind 4-5 Stunden und ca. durchschnittlich 8 Kilometer unterwegs. Das heißt, die ganzen Muskeln die bewegt werden, beim Laufen und beim Schlagen, werden kontinuierlich immer wieder beansprucht. Der Körper steht bildlich gesprochen unter Strom. Und dann müssen wir auch noch das Gehirn einschalten. Wir müssen uns selbst zwingen, den richtigen Schläger zu wählen und den korrekten Schlag auszuführen. Zu allerletzt müssen wir auch noch auf dem Grün die Richtung und die grüntechnischen Begebenheiten in Augenschein nehmen.

Klingt irgendwie nach einer richtig ernstzunehmenden Sportart. Und wenn wir dann auch noch offizielle Turniere, also Vorgabewirksam spielen, dann wird es erst richtig interessant. Manche Golfer setzen sich dann selbst so unter Druck, dass es eigentlich nur in die Hose gehen kann. Also das mit dem Ergebnis. Aber was soll es? Schlimmstenfalls geht unser Handicap um 0,1 nach oben.

Allerdings scheiden sich genau hierbei die Geister. Die einen sagen, ist mir doch egal, wenn ich nachher 0,1 hochgehe und die anderen gehen nur auf den Platz, um ihr Handicap zu verbessern.

Was kommt jetzt der Definition Sport am nächsten? Ist es Sport, wenn wir es nicht zu verbissen betreiben? Oder fehlt uns dann der gewisse Ansporn, die Motivation, die man beim Sport haben sollte?

Es gibt viele Golfer, die sagen von sich, dass sie am besten spielen, wenn sie sich gar keine großen Gedanken über das Handicap oder die Erreichung des Schonbereichs, beziehungsweise die Verbesserung des Handicaps im Auge haben.

Auch hier kommen wir wieder zu unserem Ausgangspunkt zurück. Jeder Mensch ist anders. Manche spielen kaum bis gar nicht Turniere, weil sie diesen Druck nicht haben wollen. Oder weil sie ihr Handicap nicht verschlechtern wollen.

Andere spielen fast nur vorgabewirksame Turniere, weil sie genau diesen Anreiz, diese Drucksituation brauchen.

Und dann gibt es leider auch noch diejenigen, die Turniere spielen, dort nicht wirklich erfolgreich spielen, aber zufällig immer ihren weit ins Rough gefeuerten Ball wiederfinden. Da fällt dann auch ganz unbeabsichtigt mal ein Ball aus der Hosentasche. *Ach, da liegt er ja.*

Es gibt sogar die ganz extremen Spezialisten, die beim Abgeben der Scorekarten plötzlich in Korrigierwahn verfallen. Da ändert sich wie von Geisterhand auf einmal das Ergebnis. Blöd nur, wenn einer der Mitspieler noch bei Siegerehrung anwesend ist und plötzlich ganz verwundert den Glückwünschen an seinen Mitspieler beiwohnt. *Wieso hat der sich unterspielt? Wieso hat der den 1. Platz gemacht? Das kann doch gar nicht sein!*

Das Schlimme an dieser Bescheißerei ist, dass man nicht nur sich selbst betrügt, sondern auch seine Mitspieler und den ganzen Sport für dumm verkauft.

Wenn man dann noch so schummelt, dass man vom letzten Platz auf den ersten gezaubert wird, fällt einem doch wirklich nichts mehr ein.

Was hat das noch mit fairem Sport zu tun? Nichts. Aber an solchen Beispielen zeigt sich, dass es sich wirklich um eine Sportart handelt. Sonst würde doch nicht so belogen und betrogen wie es hier der Fall war. Ist ja schlimmer als im Profisport. Da wird wenigstens nur gedopt. Wobei, wenn ich an einen Patrick Reed denke, fallen mir direkt so ein paar Beispiele ein, in denen auch nicht wirklich fair gespielt, oder sagen wir besser, wo wirklich beschissen wurde. Entschuldigen Sie meine Ausdrucksweise. Das entspricht nun wirklich nicht der Golf-Etikette. Aber manchmal muss man das Kind eben beim Namen nennen. Und nichts anderes war es in dem Moment.

Da muss sich dann auch besagter Profi nicht wundern, wenn er in der Beliebtheitsskala ganz schnell nach unten rutscht. Und unsere Freunde, die Hobbygolfer, die nach Strich und Faden beschei…, na ja, deren Beliebtheit steigt auch nicht gerade. Nicht umsonst gibt es bei Turnieranmeldungen den Zusatz: *„Nicht mit XY in einen Flight!"*

Wen wunderts?

Viele „Nicht-Golfer" machen sich lustig über die Golfer, wenn diese von anstrengenden Runden, dem Kampf mit dem Platz oder sonstigem schwierigen Unterfangen sprechen.

Alles hat zwei Seiten. Natürlich kann ein Außenstehender nicht beurteilen, was ein Golfer auf einer 18 Loch Runde wirklich leisten muss. Und natürlich wird auch gern mal über diesen vermeintlich elitären Sport mit seinen versnobten Mitgliedern hergezogen. Aber da müssen wir eben durch.

Manchmal frage ich mich, warum diese Menschen sich auf diese Art äußern? Ist es einfach die Unwissenheit, die dazu bewegt, sich über dieses Thema lustig zu machen?

Ist es womöglich der Neid, nicht selber diesen wundervollen Sport auszuüben?

Ist es vielleicht auch einfach der Gruppenzwang der dahinter steckt? Andere ziehen über die Golfer her, dann muss ich das auch machen, damit ich nicht blöd dastehe? Dabei will man am liebsten dazugehören, traut sich aber nicht, weil man nicht in die Schusslinie geraten will?

Egal aus welchem Grund man sich abfällig über den Golfsport äußert, wenn man es nicht selbst erlebt oder sagen wir zumindest mal ausprobiert hat, sollte man sich doch eigentlich mit diversen Aussagen zurückhalten.

Nur wenn wir uns das „normale" Leben einmal genauer anschauen, sind wir dann nicht alle irgendwann mal in der gleichen Situation gewesen?

Ich denke da nur an Fußball. Spätestens bei der Fußballwelt- oder Europameisterschaft werden wir doch alle zu Bundestrainern.

Warum spielen die denn so schlecht? Wieso spielt der nicht ein anderes System? Warum steht denn nicht der oder der auf dem Platz? Usw.

Das liegt einfach im Naturell des Menschen. Wir müssen überall unseren Senf dazu geben. Wie der Golfer, der uns direkt sagen will, was wir anders oder besser machen können.

Apropos Fußball und Golf. Es spielen ja auch sehr viele Fußballer, also Profis oder Ex-Profis, Golf. Auch bei uns im Club gibt es den ein oder anderen.

Letzens war ich mit einem ehemaligen Spieler und zwei anderen Golfern gemeinsam auf der Runde. Dort war wieder eine Situation zu erleben, die exemplarisch für das Verhalten von vielen Menschen war. Was war passiert?

Einer aus dem Flight fragte den Ex-Bundesligaprofi:

„Sag mal, was hälst Du eigentlich von Bayern München?"

Der Befragte wollte gerade antworten, als der Fragende ihm völlig unaufgefordert seine Meinung um die Ohren haute.

„Also ich sehe das nämlich so…"

Und das Ganze wurde dann ein mehrminutiger Monolog. Der ehemalige Profi konnte gar nichts sagen, vielleicht wollte er auch gar nicht antworten. Vielleicht war es ihm auch ganz recht, dass er gar nicht zu Wort kam.

Was zeigt uns dieses Beispiel? Viele Menschen interessiert die Meinung von anderen überhaupt nicht. Sie wollen nur ihre eigenen Gedanken loswerden. Die fragen nur, um sich selbst ins Spiel zu bringen.

Irgendwann sind dann beide an ihren abgeschlagenen Bällen angekommen und konnten sich wieder dem wesentlichen widmen, und zwar dem kleinen weißen Ball. Wen interessiert im „Hier und Jetzt" der große weiße Ball?

Wobei auch hier „Weiß" gar nicht mehr die einzige Farbe ist, die gespielt wird. Gelb, Grün oder auch Rot finden sich nicht nur in der Kleiderwahl wieder, sondern auch in den kleinen Kugeln, die durch die Luft gejagt werden.

Aber auch das machen die Profis uns ja vor. Da werden auch schon mal die Schäfte der Hölzer in knalligem Grün oder Pink präsentiert. An solchen Beispielen ist gut zu erkennen, das Golf nicht mehr diesen angestaubten, elitären Charakter hat, wie es vielleicht vor 30-40 Jahren mal der Fall war. Golf ist jung und modern, teilweise schon richtig trendy. Viele Kinder werden behutsam an diesen Sport herangeführt.

Manche mit der Aussicht auf eine große Karriere, andere nur mit dem Ziel eine herausragende Sportart kennen und lieben zu lernen.

Was uns ohne Umwege zum nächsten Aspekt bringt, der bestätigt, das Golfen ein ernst zu nehmender Sport ist. Neben der ganzen körperlichen Bewegung und dem mentalen Anspruch, zeigt sich ganz schnell, wer auch mit den Leiden eines Golfers umgehen kann.
Auch hier muss ich an dieser Stelle von mir selbst schreiben, denn ich konnte es die ersten Jahre nicht.
Ich war dermaßen getrieben davon, den perfekten Schlag mit dem optimalen Ergebnis auszuführen, dass ich, wenn dem nicht der Fall war, einige Male ganz schön ausgerastet bin.

Das begann mit Fluchen, ging über Selbstbeschimpfung, bis hin zum Schläger werfen. Und ja, Sie haben vollkommen Recht, das gehört sich nicht auf dem Golfplatz. Okay, eigentlich gehört sich das nirgendwo. Aber in dieser ersten Phase meiner Golfer-Zeit wusste ich es nun mal nicht besser. Die Emotionen mussten einfach raus.

Das ich dabei nicht nur mir selbst und meinem Spiel geschadet habe, sondern auch meinen Mitspielern keinen Gefallen getan habe, das war mir zu der Zeit nicht bewusst. Nennen Sie es Unerfahrenheit, fehlender Weitblick, Naivität oder wie auch immer.

Und ja, es gab sicher auch den ein oder anderen Spieler, der nicht mehr mit mir in meinem Flight spielen wollte. Nur allzu verständlich bei solch einem Benehmen.

Zu meiner Verteidigung, ich war „jung" und unerfahren, also in Bezug auf Golf, Etikette, usw.

Es gibt ja verschiedenste Theorien, dass wir nur 10% unseres Gehirns nutzen. Das scheint nicht wirklich zu stimmen, aber offensichtlich nutzen wir nicht alle Möglichkeiten aus. Wir kennen das auch von den technischen Hilfsmitteln, wie zum Beispiel Handys und Computern. Auch bei diesen Dingen nutzen wir laut verschiedenen Forschungen nur einen geringen Teil der vorhandenen Möglichkeiten.

Und so schließt sich wohl auch der Kreis zu uns Golfern.

Denn auch hier stellt sich die Frage, wer sein Potenzial überhaupt voll ausschöpft?

Dabei müssen wir wieder zwischen den unterschiedlichsten Golfer-Typen unterscheiden. Bleiben wir für den Moment bei uns Hobbygolfern. Wir trainieren vielleicht zu wenig. Nehmen kaum Trainerstunden und versuchen womöglich nicht konsequent genug unsere Fehler auszumerzen und vorhandene Stärken auszubauen. Aber wir wollen ja auch keine Profis mehr werden, wir wollen doch nur Spaß haben.

Nur wer hat denn ganz ehrlich Spaß beim Golfen? Womit beschäftigen wir uns mehr? Mit den positiven Schlägen oder mit den negativen Erlebnissen?

Wem gelingt es denn, sich nach einem schlechten Schlag wieder positiv einzustellen und den nächsten Schlag als Chance zu sehen? Ist nicht gerade das die Kunst des Golfens generell?

Wie oft haben wir schon erlebt, dass drei Schläge eher katastrophal waren und dann chippen wir den 4. Schlag ins Loch. Glück gehabt. Oder doch Können?

Heißt für uns, niemals aufzugeben. Leider funktioniert so etwas nicht immer oder sagen wir besser, eher selten. Aber sich selbst runterziehen endet doch nur in einer nicht aufzuhaltenden Spirale.

Auch hier gibt es Parallelen zu den Profi-Golfern. Auch die verhauen mal den ein oder anderen Schlag.

Nur denen gelingt es, sich davon nicht im negativen Sinne beeindrucken zu lassen. Na klar, es sind Profis. Und ja, die haben auch ihren Caddy dabei. Das hilft. Ich bin mir sicher, dass wir mit einem Caddy an unserer Seite wesentlich besser Golf spielen würden. Zum Sport gehören nun einmal auch Coaches. Die Profis haben ja zum Teil Putt-Coaches, Chipp-Coaches, Driving-Coaches und natürlich Mental-Coaches.

Das alles haben wir eben nicht. Und trotzdem sollte es doch unser Ziel sein, Spaß zu haben. Verbissenheit ist für die meisten Golfer fehl am Platz. Natürlich gehört eine gesunde Portion Zielstrebigkeit und fester Wille dazu. Aber unterm Strich kommt der Spaß mit dem Erfolg. Auf der anderen Seite muss man auch über sich selbst lachen können.
Wenn wir mal wieder das halbe Fairway umgehackt haben, anstatt den Ball sauber zu treffen. Wenn wir mal wieder vier Versuche brauchen, um aus dem Bunker herauszuspielen. Wenn wir mal wieder beim kurzen Spiel den Kopf viel zu schnell hochgerissen haben und somit den Ball schon weit übers Grün getoppt haben, ja dann kommt doch erst recht Freude auf. Oder etwa nicht?

Nach diesen vielen Jahren des an sich selbst Zweifelns, des Fluchens und Schläger Schmeißens, ist mir irgendwann dann doch ein Licht aufgegangen. Besser spät als nie.

Es bringt überhaupt gar nichts, sich aufzuregen. Nichts. Ja, ich weiß, diejenigen die mich kennen wundern sich jetzt vielleicht. Wie schon erwähnt, halte ich ab und zu immer noch mal einen kleinen Dialog mit mir und meinen Schlägern. Aber ich habe ja auch nicht gesagt, dass ich perfekt bin, ganz im Gegenteil. Ich bin weiterhin in einem stetigen Lernprozess.
Die Kunst des Golfens ist es, diesen Prozess anzunehmen. Sich bewusst damit auseinander zu setzen. Stärken ausbauen, Schwächen korrigieren.

Golfen ist toll! Der Sport ist prima!

Tee 5 – Das Hobby

Also worin unterscheidet sich jetzt der Sport Golf vom Hobby Golf? Wenn Sie mich fragen, gibt es da keinen großen Unterschied, denn Hobby heißt ja nicht, dass es nicht anstrengend oder anspruchsvoll oder sportlich sein darf. Hobby heißt es, weil wir unsere Freizeit diesem Thema widmen.

Viele Menschen haben Hobbys. Ganz unterschiedlicher Art. Wir haben nun mal das Golfen. Und wie bereits erwähnt betreiben es manche sehr intensiv, andere nur ab und zu und wiederum andere nur ganz sporadisch. Jeder wie er mag oder kann.

Warum dann in diesem Buch zwei Abschnitte zu doch eigentlich ein und demselben Thema?

Weil es dann doch feine Nuancen gibt, die aus meiner Erfahrung mehr unter den Bereich Hobby fallen. Auch hier kann ich bewusst nur von meinen Gefühlen berichten. Sie können ja für sich entscheiden, ob es Ihnen ähnlich ergeht.

Wenn ich an das Hobby Golfen denke, dann kommt für mich immer häufiger der Faktor des „Abschaltens" ins Spiel. Im wahrsten Sinne des Wortes.

Je mehr Arbeit ich habe, je stressiger mein Alltag ist, umso wichtiger ist diese eine Runde in der Woche. Dieser eine Tag, an dem es nicht um die Arbeit, die Kunden, die Kollegen oder wen auch immer geht.

Oft ertappe ich mich dabei, dass ich überlege, ob ich es mir zeitlich erlauben kann auf den Golfplatz zu gehen.

Da ist noch die Präsentation die vorbereitet werden muss, der Papierkram der bearbeitet werden muss, die Emails die beantwortet werden müssen, die Termine und Telefonate die vereinbart werden müssen, usw, usw.

Gründe, warum man sein Hobby nicht wahrnehmen kann, gibt es zu genüge. Und ja, manchmal geht es auch einfach nicht. Da gehen berufliche oder auch private Sachen einfach vor. Aber oftmals ist es auch nur vorgeschoben.

Und die Erfahrung hat gezeigt, wenn ich den Tag auf dem Golfplatz gewählt habe, ich zwar auf der Fahrt dorthin ab und zu ein schlechtes Gewissen hatte, aber als ich die ersten Bahnen hinter mir hatte, ein richtiger Wohlfühlmoment eintrat.

Teilweise schon auf der Drivinigrange. Einen Eimer Bälle schlagen. Aufwärmprogramm. Gefühlt mit jedem einzelnen geschlagenen Ball kam dieses angenehme Gefühl immer näher. Die anderen Gedanken verschwanden immer mehr.

Handy aus oder auf Lautlos. Konzentration auf den Körper, den Schwung und einfach laufen lassen. Also die Bälle fliegen lassen.

Und auch hier sind wir wieder ganz schnell bei dem Thema Bewusstsein und Unterbewusstsein.

Darin liegt glaube ich die hohe Kunst des Hobbygolfers. Sich darüber bewusst zu sein, welches Privileg man eigentlich hat. Sich klar zu machen, dass andere in ihren Büros oder Firmen sitzen müssen. Dass es schlechtere Orte gibt, an denen man seine Zeit verbringen kann.

Und verstehen Sie mich bitte nicht falsch. Das soll keineswegs herablassend rüberkommen. Ich will mich da nicht als etwas Besonderes hinstellen, ganz im Gegenteil. Ich bin nicht besser oder schlechter als andere Menschen. Niemand von uns dort draußen auf dem Platz ist das. Auch wenn sich manche so aufführen.

Es geht einzig und allein darum, den Wert dieser Möglichkeit, sich auch mal wochentags, auf dem Golfplatz zu tummeln, ganz bewusst zu schätzen. Nur darum geht es.

Denn eines ist ja auch klar. Wenn ich mir diesen Tag in der Woche gönne, dann heißt das automatisch, dass mindestens ein Tag des Wochenendes dafür herhalten muss, um die liegengebliebene Arbeit nachzuholen. Also wenn andere ihr freies Wochenende genießen, muss ich eben arbeiten. So gleicht sich das wieder aus. Aber das mache ich gern. Denn dieser eine Tag auf dem Platz, in der Ruhe der Natur, mit meistens angenehmen Menschen, bringt mir wieder so viel Energie, die ich später gewinnbringend einsetzen kann.

Winterabschlag 12. Bahn Hummelbachaue Dez. 2019

Mittlerweile, um genauer zu sein, das erste Mal seit 15 Jahren, versuche ich sogar in den Wintermonaten diesen einen Tag pro Woche auf dem Platz zu genießen. Bei unseren milden Wintern bieten sich dann doch immer mal wieder Möglichkeiten. Allein der Blick vom 12. Abschlag ist doch im wahrsten Sinne des Wortes Gold wert. Wenn wir denn auch den Blick dafür haben.

Viele Golfer rennen mit Scheuklappen über den Platz. Wie bewusst oder unbewusst wir unser Hobby genießen oder wahrnehmen hängt von jedem einzelnen ab. Mir ist aufgefallen, dass Golfer die fast jeden Tag auf dem Platz sind, gar nicht mehr den Blick für das Schöne, für das Drumherum haben.

Alles stumpft irgendwie ab. Es wird zur Routine, es wird als normal angesehen. Womöglich ist es für viele da draußen auch normal geworden. Sie kennen es nicht anders. Für uns Teilzeit-Golfer ist dieser besondere Moment vielleicht eher greifbar, weil wir es nicht gewohnt sind.

Auch hier müssen wir wieder zwischen verschiedenen Kategorien von Golfern unterscheiden.

Es gibt die, die fast ausschließlich ihren Heimatplatz spielen. Und es gibt andere, die gern mal in der näheren Umgebung umherreisen und verschiedene Plätze in ihr Spielprogramm aufnehmen.

Letztens sprach ich mit genau diesem Typ Golfer. Er sagte mir, dass es für ihn unheimlich wichtig sei, nicht immer ein und denselben Platz zu spielen, um nicht abzustumpfen. Der Anreiz des Neuen, des Unerwarteten und der daraus resultierenden Herausforderung wäre sein Antrieb.

Ich muss gestehen, meins ist es nicht. Das ist mir dann alles zu umständlich. Bag und Trolley ins Auto, neuer Club, keine gewohnte Umgebung, usw.

Nennen Sie mich ruhig faul oder langweilig, kein Problem. Vielleicht liegt es aber auch zusätzlich an der Zeit, die man für solche „Ausflüge" investieren müsste.

Vor einem halben Jahr mussten wir für eine Runde auf unseren 9-Loch-Platz ausweichen, da der 18-Loch-Platz gesperrt war. Es war ein großes Turnier angesetzt, so dass es keine Möglichkeit gab dort zu spielen. Also ab auf den „kleinen" Platz. Auch den kann man ja als 18-Loch-Platz spielen, was wir dann auch getan haben.

Und überraschenderweise waren wir uns schon während der Runde alle einig, dass es erfrischend ist, einmal einen anderen Platz zu spielen. Der Kopf muss wieder viel mehr arbeiten, als das womöglich sonst der Fall war. Auf dem Platz, den man stetig spielt, hat man doch schon einen sehr großen Automatismus.

Man weiß, wo man sich auf dem Abschlag positioniert, man weiß wo man hin spielen oder nicht hin spielen sollte und man kennt die Bunker und Grüns aus dem Effeff.

Das hat sich dann auch im Winter bestätigt, als die Abschläge anders gesteckt waren. Man kommt vom Grün der Bahn zuvor und geht völlig in Gedanken zu dem Abschlag, zu dem man immer geht. Bis einem bewusst wird, dass der Abschlag heute auf Weiß gesteckt ist. Also Kommando wieder zurück. Alle sind am Abschlag vorbeigelaufen.

Somit bewahrheitet sich tatsächlich die These, dass wir Menschen abstumpfen, wenn wir immer das Gleiche tun. Es ist jetzt nicht unbedingt mit einem Arbeiter am Fließband zu vergleichen, der nun wirklich den ganzen Tag, die ganze Woche und letztlich das ganze Jahr immer die gleiche Aufgabe vollzieht.

Nicht umsonst hört man von vielen Golfen die Aussage, *der Platz ist jeden Tag anders*.

Na klar ist er das. Man kann ihn hundert Mal spielen und immer ist etwas anders als am Vortag. Niemand schlägt kontinuierlich immer wieder an dieselbe Stelle. Außer vielleicht ein Vollprofi. Aber auch er oder sie wird das wahrscheinlich nicht schaffen. Dafür ist Golf zu sehr abhängig von der Tagesform. Nicht nur jeder Tag auf dem Platz ist anders, sondern auch die Verfassung des Spielers ist jeden Tag eine andere.

Was ist das Resultat aus diesen Erfahrungen? Wir haben uns vorgenommen, zumindest ein bis zwei Mal im Jahr einen anderen Platz spielen, um wieder neue Reize zu setzen. Genau wie in jeder anderen Sportart auch, gewöhnt sich der Körper und der Geist ganz schnell an alles, was immer wiederkehrt.

Unterm Strich bleibt auf jeden Fall, allein die Möglichkeit solch ein Hobby zu haben und es in dieser Form ausüben zu dürfen, ist doch jedes Mal wieder ein Grund zur Freude, oder?

Golfen ist toll! Das Hobby ist prima!

Tee 6 – Der Profi

Wenn wir uns schon so ausführlich mit den unterschiedlichsten Typen, den verschiedensten Gegebenheiten und dem ganzen Drumherum beschäftigen, dann müssen wir uns auch mit den „echten" Golfern befassen, nämlich den Profis.

Für mich hat sich im Laufe der letzten 2-3 Jahre immer mehr herausgestellt, dass ich tatsächlich die Möglichkeit habe, aus der Ferne zu lernen. Was ist damit gemeint? Wenn man Golfübertragungen im TV anschaut und nicht nur allgemein auf oder durch den Fernseher schaut, ergeben sich ungeahnte Möglichkeiten.
Wie schwingt der Profi bei welchem Schlag? Wie richtet er sich aus? Welche Besonderheiten beim Schlag hat er, die mir weiterhelfen können? Welchen Griff verwendet er beim Putten? Wie ist sein Stand im Bunker? Welchen Schlag macht er aus dem Rough? Wie zeichnet sich sein kurzes Spiel aus?
Um nur mal ein paar Beispiele zu nennen. Auch wenn eines klar ist. Wir können unser Spiel nicht mit dem eines Profis vergleichen. Oder umgekehrt dessen Spiel versuchen komplett zu adaptieren. Jedoch gibt es tatsächlich eine Vielzahl an Aspekten, die uns durchaus weiterhelfen können, unser eigenes Spiel zu verbessern.

Zum Beispiel hilft es mir ungemein auf die Schwunggeschwindigkeit der Profis zu achten. Natürlich ist auch hier jeder Profi anders unterwegs. Aber es gibt bei vielen Gemeinsamkeiten.

Da ich bisher zu denen gehörte, die schon beim Aufschwung versucht haben einen Geschwindigkeitsrekord aufzustellen, hat es mir extrem geholfen, mich ganz speziell darauf zu konzentrieren. Also Augenmerk auf die Aufschwungbewegung und das dazu gehörende Tempo. Was nicht ausschließen sollte, dass wir nicht auch auf die Armhaltung, die Hüftposition, die Oberkörperrotation und was weiß ich noch alles, achten sollten.

Aber wir wollen es ja auch nicht übertreiben. Immer langsam mit den jungen Pferden. Stück für Stück. Eine Sache nach der nächsten. Zu viel Nachdenken ist manchmal genau der falsche Weg. Gerade bei dem Thema Vorbereitung auf den nächsten Schlag, scheiden sich in der Regel die Geister.

Der eine bereitet sich ganz akribisch vor, bezieht alle Eventualitäten in den nächsten Schlag mit ein.

Der andere guckt zum Grün, sieht auf seinen Ball, nimmt einen Schläger aus dem Bag und ab geht's. Ohne lange drüber nachzudenken, einfach drauf.

Was jetzt die bessere Variante ist, sei mal dahin gestellt. Auch hier kann man die Profis auch wunderbar in verschiedene Kategorien einteilen. Der eine ist kurz vor einer Zeitstrafe, weil er in der Vorbereitung mal wieder viel zu lange braucht.

Dem anderen kann es gar nicht schnell genug gehen. Um es für mich zu beantworten. Ich habe festgestellt, dass ich oftmals viel zu viel nachdenke.

Ich muss mir viel häufiger meiner Stärken bewusst sein und gar nicht so viele Gedanken machen. Kopf unten lassen, langsam ausholen, Hüfte drehen, Arm gestreckt lassen, usw., usw. Es ist in vielen Situationen viel zu viel, was mir da im Kopf herumschwirrt. Und manchmal ergibt sich ja auch das eine aus dem anderen. Also völlig unnötig, sich selbst so verrückt zu machen.

Zurück zu meinen Beobachtungen der Profis. Die Erfolge sprechen für sich. Zumindest auf einigen Bahnen bezogen. 18 Loch konstant zu spielen, das gelingt mir doch leider auch nur im seltensten Fall. Dafür trainiere und spiele ich dann doch einfach zu wenig.

Nun könnten Sie natürlich völlig zurecht sagen, dann muss man eben mehr trainieren oder auch mehr Trainerstunden nehmen. Das stimmt. Schaden kann es nicht. Das muss letztendlich auch wieder jeder für sich entscheiden.

Und um eines klarzustellen, ich plädiere hier nicht dafür, den Trainer außen vor zu lassen. Ganz im Gegenteil, zu Beginn der Karriere geht es nicht ohne den Teaching-Pro. Im Verlauf des Golfer-Lebens ist er genauso wichtig.

Oftmals kann nur er die Impulse geben, die nötig sind, um aus den eingefleischten Gewohnheiten wieder auszubrechen. Also bitte, nutzen wir die Trainer.

Bei mir, da bin ich ganz ehrlich, ist es einfach ein Zeitproblem. Ich bin ja schon froh, wenn ich es schaffe, vor der Runde einen Eimer Bälle zu schlagen.

Dabei gibt es bei uns im Club so viele hervorragende Trainer, die wir viel mehr nutzen sollten. Und die haben mir kein Geld dafür gezahlt, dass ich das hier schreibe. Leider.

Also zurück zum Ernst der Sache. Schließlich ist Golfen ja keine „Larifari"-Angelegenheit. Hier wird ernsthaft Sport betrieben. Vor allem bei den Möchtegern-Profis. Die liegen dann auch schon mal gern auf dem Grün, um jede einzelne Grasnarbe zu analysieren. Die schauen von allen Seiten bis zum geht nicht mehr, welche Puttlinie sie wählen sollen. Und was ist das Ende von Lied? Ist doch ein Zweiputt geworden. Na toll.

Vor ein paar Jahren hatte ich die Möglichkeit mit einem jungen Kerl zu spielen. Alter, 16 Jahre. Handicap 1,5. Das war vielleicht eine Erfahrung. Wie der die Bälle durch die Gegend gehauen hat, einfach Wahnsinn. Und das Ganze mit einer jugendlichen Unbeschwertheit, einfach herrlich.

Abschlag 2. Bahn Hummelbachaue Oktober 2019

Da wo wir mit dem kleinen Holz oder Eisen vom Abschlag unterwegs sind, nimmt er den Driver und haut ihn übers Wasser, über die Bäume, hinter die Hügel.

Gut, es ist sicher nicht mein Anspruch, seine Schläge zu kopieren, aber ihn genau zu beobachten, wie er sich ausrichtet, wie er schwingt, usw. Das war schon eine Erfahrung wert.

Das bestätigt auch meine anderen Erfahrungen, dass es für mich wesentlich hilfreicher ist mit Leuten zu spielen, die ein niedriges Handicap haben und auch dementsprechend gut spielen.

Auf der anderen Seite können wir natürlich auch von Golfern mit einem hohen Handicap und einem eher durchschnittlichen Spiel etwas lernen. Nämlich es nicht so zu machen. Zu hart? Nein, nur die Wahrheit. Die Person ist ja kein schlechterer Mensch, nur weil sie vielleicht nicht so gut Golf spielt, wie manch anderer. Ganz im Gegenteil, Von der Person sind einem manchmal die schlechten Golfer lieber als die anderen. Aber das ist Geschmackssache. Das muss jeder für sich selbst entscheiden. Und alle über einen Kamm scheren wollen wir ja sowieso nicht. Wir wollen einfach nur lernen und unser eigenes Spiel verbessern. Wir wollen Freude am Golfen haben!

Und dazu gehört auch von den Profis zu lernen. Wann greifen die an? Wann legen sie vor? Welchen Schläger nehmen sie wann und warum? Wo legen sie den Ball ab, um den nächsten Schlag zu spielen?

Wie oft ertappen wir uns dabei, dass wir einfach draufhauen. Immer möglichst den längsten Schlag ausüben. Immer Meter machen. Zeigen, wie weit man die Kugel hauen kann. Aber was nützt es einem, wenn man dann das kurze Spiel nicht beherrscht. Ich weiß nicht, wie es Ihnen geht, aber ich kann davon ein Lied singen.

Toller Abschlag, guter zweiter Schlag knapp vor das Grün und dann zu blöd den Ball anständig auf das Grün zu Chippen. Und mit anständig ist gemeint, nah an die Fahne und nicht zum 20 Meter Putt.

Und ja, ich bin oftmals einfach zu blöd. Diese Konzentrationsfehler sind echt schmerzhaft. Nicht nur für den Score, sondern ganz besonders für die eigene Gemütslage.

Und genau hier heißt es wieder, von den Pros lernen. Wie stellen die sich bei Chippen hin? Von wo spielen sie den Ball? Wie weit holen sie aus? Wie lange bleibt der Kopf unten? Usw., usw.

Auch bei diesen Beispielen schließt sich wieder der Kreis. Wir üben solche Schläge wahrscheinlich einfach zu wenig. Okay, ich übe sie zu wenig. Ich gehe auch nicht in den Bunker und schlage einen halben Eimer Bälle nur aus dem Bunker heraus. Ich bin einfach zu faul. War ich als Kind in der Schule schon. Na ja, trotzdem ist aus mir was geworden. Aber Golfprofi werde ich wohl nicht mehr.

Was ich in den letzten 2 Jahren fast jedes Mal mache, wenn ich auf den Platz gehe und 18 Loch spiele, dass ich dann eine EDS Runde spiele. Also genau wie bei einem offiziellen Turnier wird dann nach Stableford gespielt.

Und ja, ich kann mir schon denken, was manchem von Ihnen direkt durch den Kopf geht. Ach, noch so einer, der EDS Runden spielt und dann immer mit einer Unterspielung vom Platz geht. Keineswegs. Wenn ich im Jahr 15 EDS Runden spiele, dann schaffe ich es vielleicht, wenn es gut läuft, mich einmal zu unterspielen, 4-5 Mal in den Schonbereich zu kommen und die anderen Male gibt es ein neues Handicap. Und zwar eines was nach oben geht.

Aber was solls? Die 0,1 dazu ist doch nun wirklich nicht tragisch. Okay, 14 Mal nicht geschont heißt, 1,4 nach oben. Das tut dann schon ein bisschen weh. Aber auf der anderen Seite verändert sich auch die Vorgabe wieder und man hat an der ein oder anderen Bahn plötzlich wieder 2 vor.

Warum ich das eigentlich mal begonnen habe mit diesen EDS Runden, ist die eigene Konzentration. Wie oft habe ich einfach „nur so" gespielt. Ohne Ziel, ohne Anreiz und auch leider ohne viel Konzentration.

Wenn ich EDS Runden spiele, verändert sich all das. Natürlich soll es trotzdem Spaß machen und man muss nicht alles zu ernst nehmen.

Aber gerade, wenn um die erwähnten Getränke gezockt wird, dann ist diese Art des Spiels doch oftmals sehr hilfreich.

Auf der anderen Seite hat das EDS Spiel nicht wirklich den besten Ruf. Wieso? Weil dort natürlich geschummelt wird bis der Arzt kommt. Laut Insidern kommen die wenigsten, die EDS Runden gespielt haben, mit einem schlechten Ergebnis ins Clubhaus. Seltsamerweise spielen die dann alle sehr erfolgreich Golf. Speziell wenn sie zu zweit auf der Runde waren. Wenn man diese Spieler sonst in Turnieren beobachtet, läuft das eher in die andere Richtung. Da weiß man dann sofort wo die ihr Handicap her haben. Also nicht alle, aber viele.

Letzten Sommer war es wieder so weit. Ich spielte eine EDS Runde. Wir waren zu viert unterwegs.
Wir hatten ebenfalls einen Vierer-Flight hinter uns. Wir waren nicht wirklich schnell unterwegs, so dass die Männer hinter uns ab und zu kurz warten mussten. Die Betonung liegt auf kurz.
Nach der Runde, wir saßen auf der Terrasse, kam einer dieser Spieler an unseren Tisch. *„Warum wart Ihr denn so langsam?"*
Kein *„Hallo"* oder *„Guten Tag"*. Meine Antwort: *„Ich habe eine EDS Runde gespielt."*
„Und, wieviel Punkte?" ... *„Hart erkämpfte 38!"*
„Wer hat Dich gezählt?"

Hey, was soll die Frage? Und was soll der Ton? Was für eine Frechheit! Weil andere betrügen, mache ich das automatisch auch? Wir waren schließlich ebenfalls ein Vierer-Flight und ich hatte den seriösesten Zähler, den man haben kann. Und Du Blödmann kommst mir so?

Also das habe ich mir gedacht. Ich habe gar nichts dazu gesagt. Schweigen ist manchmal der beste Weg, um solche Idioten einfach auflaufen zu lassen.

Und das Beste an der Sache ist, ein paar Minuten später ist mir eingefallen, dass ich mit diesen Menschen vor einiger Zeit mal ein Turnier gespielt hatte. Sein Ball lag auf einer Bahn ganz unglücklich unter einem Busch. Aber er wollte ihn spielen. Er hackte zweimal in den Boden, hat letztlich auf dieser Bahn sieben Schläge benötigt. Ich war sein Zähler. Auf die Frage eines anderen Spielers, wie viele Schläge er hatte, sagte er: *„Sechs. Einer war ein Probeschlag. "*

Ach so, ja klar, ein Probeschlag. Natürlich. Was auch sonst. Junge, bescheiß dich weiter. Was soll das? Aber andere blöd anmachen, wenn sie mal 38 Nettopunkte spielen.

Warum sind Menschen wie sie sind? Warum sagt man über Golfer, sie wären ein „Volk für sich"? Okay, das sagt man von Autoverkäufern, Versicherungsvertretern und anderen Berufsgruppen oder Sportlern auch.

Weil manche Golfer schon sehr spezielle Typen sind. Wir sprachen darüber. Und das Interessante hierbei, bei den Profis ist das auch nicht anders. Dort gibt es nun wirklich die unterschiedlichsten Typen. Manche sind einem direkt sympathisch, andere weniger.

Bei manchen schaut man sich gern etwas ab, bei anderen schaut man lieber weg. Aber auch hier, bei denen, die womöglich einen eher seltsamen Schwung haben, kommen die Ergebnisse zu Stande. Auch die sind erfolgreich und spielen tolles Golf.

Schauen wir uns zehn verschiedene Profis an, sehen wir zehn unterschiedliche Schwünge. Zig verschiedene Putt-Stile. Völlig unterschiedliche Schwungkurven, Körperhaltungen, Drehungen, usw.

Jeder Typ ist anders. Bei den Profis und bei uns Amateuren genauso. Und das wiederum ist doch das Schöne an dieser hervorragenden Sportart. Nichts und niemand ist gleich. Jeder ist anders. Jeder tickt anders, spielt anders und gibt sich anders. Wenn dem nicht so wäre, wäre es auch ziemlich langweilig.

Golfen ist toll!

Interviews

Ich freue mich sehr, dass ich die Möglichkeit hatte mit zwei besonderen Persönlichkeiten des Golf-Sports Interviews zu führen.

Zum einen mit dem Profi-Golfer **Max Kieffer**, der seit 2012 auf der European Tour aktiv ist.
Und zum einen mit unserem PGA Head Professional **Richard Willis**, der „The Players Academy" in der Hummelbachaue betreibt.

Max Kieffer hat sich die Zeit genommen aus seinem „Home-Office" die Fragen zu beantworten, da wegen der Corona Krise leider kein persönliches Treffen möglich war.

Interview mit Max Kieffer:

Ralph Schaper:
„Max, wie bist Du zum Golfen gekommen?"

Max Kieffer:
„Ich bin durch meine Eltern zum Golfen gekommen. Das Schöne war, dass ich in meiner Jugend auch meine ganzen Freunde auf dem Golfplatz hatte. Es ist glaube ich ganz wichtig, gerade in jungen Jahren solch ein Umfeld zu haben."

„Mit 11 Jahren habe ich begonnen diesen tollen Sport professioneller zu betreiben. Dann bin ich mit 19 Jahren aufs College in den USA gegangen und dort hat sich dann recht schnell herausgestellt, dass ich das Potenzial zum Profi hatte.

Somit habe ich das College abgebrochen und bin dann Pro geworden. Aber ausschlaggebend waren meine Eltern und meine Freunde, mit denen ich viel Spaß hatte, viel „gezockt" habe und jede freie Minute mit ihnen auf dem Golfplatz verbracht habe. Dadurch bin ich dann auch dran geblieben und hatte somit immer ein Ziel vor Augen."

Ralph Schaper:
„Wie war Dein Werdegang vom Amateur zum Profi?"

Max Kieffer:
„Wie gesagt bin ich nach dieser intensiven Jugendzeit und dem Besuch des Colleges in das Profi-Lager gewechselt.

Was ich im Nachhinein anders machen würde, ich habe in meiner Jugend relativ wenig andere Sportarten betrieben. Ich bin zwar öfter Ski gefahren, habe mit den Kumpels Fußball und Tennis gespielt. Aber rückblickend ist es besser viele verschiedene Sportarten zu betreiben, weil man dann einfach ein besseres Bewegungsprofil bekommt. Ich habe mich relativ früh schwerpunktmäßig auf das Golfen konzentriert."

„Ich habe dann hier in Deutschland die National-
mannschaften durchlaufen und war dort auch immer
unter den Top 2 zu finden. Als ich danach das eine
Jahr am College war, habe ich sehr erfolgreich bei
den großen Amateurturnieren gespielt.
Dadurch hatte ich die tolle Möglichkeit auch in vielen
Europaauswahlen sehr erfolgreich mitzuspielen, so
dass dann der nächste Schritt kam, ins Profilager zu
wechseln, was ja auch immer mein Ziel war."

„Ich hatte das große Glück, direkt einige Sponsoren
zu gewinnen, denn in der Amateurzeit hat man seinen
Golfclub und natürlich den Verband als Unterstützung hinter sich, aber sobald man als Profi unterwegs
ist, hat man keinen mehr hinter sich. Man ist dann erst
mal auf sich allein gestellt. Was auch sehr schade ist,
denn gerade dieses Team und diese ganzen Teamtur-
niere, die vermisst man dann doch schon. Man ist weniger emotional unterwegs. Man fährt zu den Turnieren, macht seine Arbeit und fährt wieder weg. Dieses
Miteinander ist leider nicht mehr vorhanden."

„Durch die tollen Sponsoren wurde mir ein großer
Druck genommen. Ich konnte mich voll und ganz auf
mich und den Sport konzentrieren, so dass ich mir
speziell im ersten Jahr keine Gedanken machen
musste bezüglich Unterkunft und dergleichen."

„Denn die Erfahrung hat gezeigt, dass gerade das für viele Neu-Profis auch sehr hinderlich sein kann, befreit Golf zu spielen, wenn man diese Sponsoren nicht im Rücken hat. Deshalb auch an dieser Stelle noch einmal herzlichen Dank an alle die mich seit 2010 begleiten."

Ralph Schaper:
„Welche Veränderungen haben sich für Dich ergeben? Welche Besonderheiten bringt das Leben auf der Tour mit sich?"

Max Kieffer:
„Wie gerade beschrieben, ist man auf sich allein gestellt. Man kann sich zwar darauf einstellen, aber es ist dann doch schon eine Herausforderung, denn spätestens ab dem Moment muss man liefern!
Wenn man mal ein schwächeres erstes Halbjahr hat, dann ist oft schon die Tour-Karte in Gefahr. Man kann sich also eigentlich keine Schwächephase leisten.
Und das ist im Vergleich zu der Amateurzeit doch etwas anders. Wenn man dort mal ein etwas schwächeres Jahr hat und im nächsten Jahr wieder gut spielt, kommt man immer noch in die Turniere wieder rein.
Du spielst dann auch wieder die gleichen Turniere mit und steigst ja in dem Sinne auch nicht ab."

„Als Profi geht es nur um die Scores. Wenn man in den Mannschaften zum Beispiel dem Trainer eine Flasche Wein mitbringt, dann stellt der dich für das Turnier dann trotzdem auf. Als Profi geht es nur darum zu performen. Das ist der größte Unterschied zwischen den beiden Golf-Phasen. "

„Resultierend daraus hat man auch sehr wenig Zeit etwas zu verändern. Man muss am besten schon zu Beginn der Profi-Zeit ein möglichst kompletter Spieler sein. Denn aufgrund der Vielzahl der Turniere und dieses Drucks hat man wenig Zeit zum Beispiel an seiner Fitness zu arbeiten, seinen Schwung zu optimieren oder einfach neue Sachen auszuprobieren.
Es muss ja auch immer im Turnier direkt klappen und solche Veränderungen brauchen nun mal auch Zeit.
Man wird zwar auch besser durch die Erfahrungen auf dem Platz, weil man die Turniere und das ganze Drumherum besser kennt. Dementsprechend wird man auch mental stärker, weil man mit den Drucksituationen besser umgehen kann. Aber die Balance zwischen all dem und der Verbesserung seines eigenen Spiels zu finden, ist eine große Herausforderung. "

<u>Ralph Schaper:</u>
„Was trainierst Du, wie oft und wie lang? "

Max Kieffer:
„Das hängt von der Jahreszeit ab und in welcher Phase der Saison man sich gerade befindet. Wenn ich zwischen den Turnieren zuhause bin, bin ich ca. 4 Stunden am Tag auf dem Golfplatz. Dort gehe ich dann alles durch, kurzes Spiel, langes Spiel und Putten oder ich gehe 18 Loch spielen.
Zusätzlich gehe ich jeden Tag ca. 1,5 Stunden ins Fitnessstudio. Wenn ich die Zeit habe, alles miteinander zu kombinieren, dann sind das schon sehr intensive Tage. Letztendlich ist das aber auch sehr individuell, was gerade ansteht und wo die momentanen Schwächen sind. Aber ich bin in der Regel schon sechs Mal die Woche auf dem Golfplatz.
Auf der anderen Seite versuche ich auch immer im Winter mir die Zeit zu nehmen, zwei Wochen komplett golffrei zu machen und im Sommer auch eine Woche ohne Golfen zu verbringen."

Ralph Schaper:
„Welche Coaches nutzt Du? Fitness- Schwung- oder Mental-Coaches?"

Max Kieffer:
„Ich habe einen Schwungtrainer, aktuell auch einen Fitnesstrainer und einen Mental-Coach."

„Es gab mal Phasen, da hatte ich auch einen Putt-Trainer und einen Coach speziell für das kurze Spiel, aber aktuell ist es so, dass ich einen Trainer habe, der für alle Bereiche des Spiels zuständig ist.
Man muss einfach für sich herausfinden, was am besten zu seinem eigenen Typ passt. Es ist auch hierbei ganz wichtig, sich selbst treu zu bleiben, an sich zu glauben und hart an sich zu arbeiten. In welchen Bereichen auch immer."

Ralph Schaper:
„Welche Ziele hast Du kurz- mittel und langfristig?"

Max Kieffer:
„Kurzfristig ist das immer, jedes Jahr die Tour-Karte zu behalten. Mittelfristig natürlich, Turniere auf der Tour zu gewinnen. Ich war schon oft nah dran, habe es aber leider noch nicht geschafft, um sich dann auch für die Majors zu qualifizieren. Denn die Majors, die ich mitgespielt habe, waren einfach die eindrucksvollsten Turniere und da möchte ich auch konstant dabei sein."

„Golftechnisch ist es derzeit so, dass ich mein Eisenspiel verbessern muss, um die „Greens in Regulation Statistik" wieder zu verbessern. Zusätzlich arbeite ich seit Jahren daran, mehr Länge vom Tee zu bekommen, was immer eine große Herausforderung ist. Und die Konstanz beim Putten ist ein Thema."

„An guten Tagen bin ich sehr gut. An schlechten Tagen ist das noch ausbaufähig."

Ralph Schaper:
„Was können / sollen Amateure machen, um erfolgreich Golf zu spielen?"

Max Kieffer:
„Das ist eine gute Frage. Vielleicht der Aspekt wie wir unser Training aufziehen.
Es sind vielleicht ca. 20% Drivingrange. Der Rest sind Kurzspiel, Putten und auch Gym.
Die meisten Amateure verbringen den Großteil ihrer Zeit auf der Drivingrange. Die wenigsten gehen intensiv an die anderen Bereiche heran oder machen mal ganz gezielt Fitnessübungen für ihr Golfspiel.
Da steckt glaube ich eine Menge Potenzial drin, sich spezifischer auszurichten. Auch im Amateurbereich."

Ralph Schaper:
„Was können Amateure tun, um möglichst viel Freude an diesem schönen Sport zu haben?"

Max Kieffer:
„Sich immer wieder an den schönen Schlägen zu erfreuen. Jeder hat diese Erfolgserlebnisse, diese tollen Schläge auf dem Platz. Sich nicht zu sehr runterziehen zu lassen, wenn mal etwas nicht funktioniert."

„Aber das ist natürlich leicht gesagt. Ich kenne das auch, alles ist eigentlich perfekt. Wunderschönes Wetter, toller Golfplatz, super netter Flight, aber wenn man dann schlechtes Golf spielt, macht das dann teilweise trotzdem keinen Spaß. Aber so ist es nun mal. Deswegen lieben wir diesen Sport und das ist auch immer wieder die Herausforderung im Golf, dass man nie weiß was einen erwartet. Zu wissen, dass man nicht perfekt sein kann."

„Viele Amateure denken, dass dieser <u>eine</u> Tipp ihr Spiel verbessert, beziehungsweise erwarten, dass dieser eine entscheidende Tipp auf einmal dazu beiträgt ihr ganzes Golfspiel zu verbessern, das ist nicht der Fall und das wird auch nicht passieren.
Man wird besser, wenn man sich mit dem Pro einen guten Plan zusammenlegt und dann konsequent und konstant immer wieder an den gleichen Sachen arbeitet und dann Step by Step besser wird."

Lieber Max, vielen Dank für Deine Zeit und Deine sehr interessanten Antworten und die damit verbundenen Einblicke in Dein Leben als Golfprofi.

Richard Willis hat sich die Zeit genommen „im Büro" seines Heimatclubs, der Hummelbachaue in Neuss, ebenfalls die verschiedensten Fragen zu beantworten.

Interview mit Richard Wills:

Ralph Schaper:
„Richard, was ist für Dich im Umgang mit neuen Schülern besonders wichtig? (Menschen, die bereits Golf spielen, aber länger keinen Trainer in Anspruch genommen haben.)

Richard Willis:
„Grundsätzlich ist es mir wichtig, mit den Menschen in den Dialog zu gehen. Mich mit ihnen über deren Stärken und eventuelle Schwächen zu unterhalten.
Es geht darum, dass ich mir ein Gesamtbild machen kann. Welche Bereiche in ihrem Spiel nehmen sie überhaupt wahr? Manche tun sich schwer, eine Zusammenfassung ihres Spiels zu benennen."

„Zum Zweiten geht es natürlich darum, etwas über die körperlichen Voraussetzungen meines Gegenübers zu erfahren. Welchen Einschränkungen oder Beschwerden gibt es, die beachtet werden müssen und wie ist der generelle Fitnesszustand?"

„Je nach Bedarf geht es dann an die nächsten Schritte, das heißt, eventuell Videoaufnahmen, Trackman, Unterstützung, falls dort spezifisch Bedarf ist. Das muss natürlich individuell entschieden werden."

Ralph Schaper:
„Du sagtest gerade, dass die Spieler sich manchmal gar nicht richtig selbst einschätzen können hinsichtlich ihres Spiels oder ihrer individuellen Fähigkeiten – wie gehst Du damit um?"

Richard Willis:
„Die meisten Golfer können aus meiner Sicht sehr gut differenzieren zwischen Range-Ambiente und Platz-Ambiente.
Viele Golfer tun sich einfach schwer, beziehungsweise nehmen gar nicht richtig wahr, was eigentlich auf dem Golfplatz konkret passiert.
Zum Beispiel sagt der Golfer, ich treffe die Bälle vom Tee nicht richtig. Okay, was heißt das konkret? Gehen die Bälle mehr nach rechts oder nach links?
Haben wir ein Ballkontaktproblem? Sind die Bälle zu kurz? Okay, bei fast jedem sind die immer zu kurz..."

„Bei dieser konkreten Selbstanalyse tun sich viele Golfer im Amateurbereich einfach schwer. Und das ist für mich das Signal, dass diese Spieler die Signale auf dem Platz nicht genügend wahrnehmen."

„Weil wenn sie das tun würden, könnten sie unter Umständen besser darauf reagieren."

Ralph Schaper:
„Was ist aus Deiner Sicht für uns Amateure die größte Herausforderung?" (Fitness, Kopf oder die Eigeneinschätzung?)

Richard Willis:
„Der durchschnittliche Golfer trainiert schon sehr viel. Im Verhältnis zu seinen Erfolgen auf dem Golfplatz stimmt da aber irgendetwas nicht.
Die Zeit, die fürs Training investiert wird, im Verhältnis zum Erfolg, da läuft oftmals etwas schief. Womöglich liegt es daran, dass viele sich schwer tun, mit dem Anpassen auf dem Golfplatz. Zu akzeptieren, zum Beispiel heute muss ich mal eine Linkskurve spielen, obwohl normalerweise die Bälle immer geradeaus geschlagen werden.
Vielleicht ist es deren Vorstellung, nach einer Vielzahl an Jahren als Amateur, diesen perfekten Schlag immer genauso wiederholen zu müssen. Und dieser perfekte Schlag kommt erfahrungsgemäß einfach sehr selten vor"

„Die Amateure müssen lernen, mit dem Golfball zu spielen. Es ist ein Spiel. Und akzeptieren, was sie an dem Tag können."

„Vor allem auch seiner Spielstärke entsprechend sich selbst besser einschätzen können und somit auch mit „Niederlagen" besser klar zu kommen."

Ralph Schaper:
„Also wenn ich Dich richtig verstehe ist Golfen eine Einstellungssache. Wie und mit welcher Einstellung gehe ich auch den Platz?"

Richard Willis:
„Das ist richtig. Das hängt sehr nah beieinander mit dieser Selbstanalyse. Ich muss im Vorfeld wahrnehmen, was überhaupt auf dem Platz abgeht. Wo viele sich eben schwer tun.
Um letztendlich daraus lernen zu können, wie ich damit umgehe an diesem Tag. Wenn ich das nicht wahrnehme, dass ich an Bahn 1, 2, 3 und 4 immer vom Abschlag irgendwie einen Slice heute habe, dann brauche ich nicht an Bahn 5 zu stehen und zu versuchen den Ball geradeaus zu hauen. Das wird dann nicht funktionieren.
Ich muss mich als Golfer permanent anpassen an die jeweilige Situation und das ist eine sehr große Herausforderung im Golf."

Ralph Schaper:
„Was können wir Amateure aus Deiner Sicht nicht nur von Euch Trainern, sondern auch von den Profis, lernen? Was können wir uns abgucken?"

Richard Willis:

„Wenn ich mit meinen Schülern spreche, dann kommen immer wieder die Punkte, Schwung, Bewegungsablauf und dergleichen. Das nehmen die schon sehr bewusst wahr.

Das heißt aber auch, um von den Profis zu lernen, muss ich bewusst hingucken bezüglich zum Beispiel der Spieltaktik, aber ich muss auch ein hohes Verständnis von dem Spiel allgemein haben, damit ich das auch ganz gezielt wahrnehme und nachher für mich umsetzen kann. Es ist also letztlich immer eine Frage des Ziels was ich erreichen möchte und was ich bereit bin dafür zu tun. "

Ralph Schaper:

„Das heißt, zusammengefasst, wir Amateur-Golfer müssen uns viel klarer mit unseren Stärken und Schwächen beschäftigen. Wir müssen unser Verständnis, also auch unser Bewusstsein für die jeweilige Situation auf dem Platz viel mehr schärfen, um entsprechend reagieren zu können.

Letztendlich, neben allen körperlichen Voraussetzungen, bleibt Golfen zum größten Teil Kopfsache. "

Richard Willis:

„Ja, so könnte man es in der Kürze zusammenfassen. "

Lieber Richard, vielen Dank für Deine Zeit und den sehr interessanten Einblick in Deine Gedanken bezüglich uns Amateur-Golfer.

Was können wir für uns aus diesen beiden Interviews mitnehmen?

Was auf jeden Fall von beiden bestätigt wird, dass es immer wieder auf das Thema „Innere Einstellung" hinausläuft. Wenn wir die richtige Einstellung zu uns und unserem Spiel haben, werden wir eine Menge Spaß und Freude auf dem Platz haben.

Einige von uns haben hinsichtlich der Trainingsaspekte noch Verbesserungspotential. Was trainieren wir wann und wie? Ein guter Impuls, um sich diesbezüglich selbst zu hinterfragen.

Das setzt aber voraus, dass wir uns selbst oder in Verbindung mit einem Pro, ein konkretes Bild unseres Spiels machen. Die Selbstreflektion und der gezielte Umgang mit unseren Stärken und Schwächen ist eine wichtige Voraussetzung.

Und das wiederum ist ja das schöne an diesem hervorragenden Sport, wir können immer weiter an uns arbeiten. Wir können uns selbst immer wieder aufs Neue fordern.

Golfen ist toll!

Tee „19“ – „Prost“

Für viele Golfer kommt das Schönste zum Schluss. Nicht die 18. Bahn oder das 18. Grün, sondern „Loch 19“. Das Getränk danach. Das Beisammensitzen nach der Runde. Bei schönem Wetter draußen auf der Terrasse gemeinsam auf die Runde anstoßen. Oder wie schon erwähnt, dem „edlen Spender“ zuprosten. *„Auf Dich und Deine Lady.“* Hm, das schmeckt!
Auch hier trennt sich wieder die Spreu vom Weizen. Es gibt jene, die auch nach der Runde nur über das Thema Golf reden. Meistens über das eigene Spiel oder die Platzverhältnisse. Da wird auch gern mal jedem, der es vielleicht auch gar nicht wissen will, erzählt, was er wie an welchem Loch gespielt hat.
Da wird gehadert und geflucht. Da fallen dann so Aussagen wie: *„Ich sollte mir echt ein anderes Hobby suchen! Ich bin einfach zu blöd zum Golfen!“*

Oder es wird über die Profis in aller Welt gesprochen: *„Hast Du den oder den gesehen? Wahnsinn, was der dort gespielt hat...“*
Usw, usw. Da wird gefachsimpelt bis zum geht nicht mehr. Und jeder weiß es besser. Genauso wie wir alle Bundestrainer bei der Fußball-WM sind, sind wir alle die besten Coaches für die jeweiligen Pros. Na klar, theoretisch sind wir alle die besten.

Theoretisch habe ich ein Handicap von 5,0. Theoretisch spiele ich fast jede Bahn Birdie oder zumindest Par. Nur die Wahrheit liegt ja bekanntlich auf dem Platz. Und da holt uns die Realität schneller ein als wir gucken können.

Aber, Golfen ist toll. Golfen ist eben auch dieses danach zusammensitzen. Dieses über die Runde sprechen. Das Revuepassieren lassen von bestimmten Schlägen oder Situationen.
Manch einer sitzt dann nach einem vergeigten Turnier wie ein Häufchen Elend dort auf seinem Stuhl und bemitleidet sich selbst. Gern wird dann auch mal das ein oder andere Bierchen auf diesen Frust hinuntergespült. Na hoffentlich gerät derjenige nachher nicht noch in eine Alkoholkontrolle, dann wäre das schlimmste Szenario eingetreten. Schlecht gespielt und dann auch noch der Lappen weg.
Allerdings müsste man auch hier sagen, selbst schuld. *Don't Drink and Drive!*

Auf dem Platz sind wir ja auch für unser Spiel selbst verantwortlich. Also sollten wir uns dieser Verantwortung im Straßenverkehr auch bewusst sein.
Verstehen Sie mich bitte nicht falsch, ich will hier nicht als Moralapostel rüberkommen. Ich habe nur auch zu diesem Thema meine ganz eigene subjektive Meinung.

Da wir ja so ausführlich über die verschiedenen Typen gesprochen haben, können wir uns auch nach der Runde unser Bild eben über diese machen. Denn es gibt auch diejenigen, die gar nicht mehr über das Golfen reden wollen. Die sind froh, nach gut vier Stunden endlich mal über etwas anderes sprechen zu können. Und da gibt es ja, je nach dem mit wie vielen Leuten man am Tisch sitz, die unterschiedlichsten Möglichkeiten.

Da kommen dann auf einmal ganz private Themen auf den Tisch. Auch berufliche Ansätze werden gern genommen. Die Aussage, *da werden die Geschäfte beim Golfen gemacht*, kommt ja nicht von ungefähr. Es geht schließlich nichts über Kontakte und ein gut funktionierendes Netzwerk.

Und wenn auch das Zwischenmenschliche gestimmt hat, dann wird natürlich auch schon die nächste gemeinsame Golfrunde geplant. Golfen ist toll!

Und wenn dann der Abend angebrochen ist und es Zeit wird den Heimweg anzutreten, dann gehen wir kaputt und geschafft, aber auch frohen Mutes von der Anlage. Vorbei am 18. Grün, den Sonnenuntergang als Begleiter und die große Hoffnung, dass beim nächsten Mal alles besser wird.

Ihnen stets ein gutes Spiel…!

Weg von der Hummelbachaue mit Blick auf das 18. Grün. Nov. 2018